THOMAS GROTEGUTH

Norm- und Verbots(un)kenntnis

Hamburger Rechtsstudien

herausgegeben von den Mitgliedern des
Fachbereichs Rechtswissenschaft I der Universität Hamburg
Heft 83

Norm- und Verbots(un)kenntnis

§ 17 Satz 2 StGB

Von

Thomas Groteguth

Duncker & Humblot · Berlin

Gedruckt mit Unterstützung der Universität Hamburg

Die Deutsche Bibliothek – CIP-Einheitsaufnahme

Groteguth, Thomas:
Norm- und Verbots(un)kenntnis : § 17 Satz 2 StGB / von Thomas Groteguth. — Berlin : Duncker und Humblot, 1993
(Hamburger Rechtsstudien; H. 83)
Zugl.: Hamburg, Univ., Diss., 1992
ISBN 3-428-07537-4
NE: GT

Satz: Klaus-Dieter Voigt, Berlin
Druck: Berliner Buchdruckerei Union GmbH, Berlin
Printed in Germany

ISSN 0072-9590
ISBN 3-428-07537-4

Meiner Mutter

Vorwort

Die vorliegende Arbeit wurde im Herbst 1989 fertiggestellt. Später erschienene Literatur konnte leider nur teilweise berücksichtigt werden.

Die Anregung zu der Arbeit ging von Prof. Dr. Michael Köhler aus, der mit unendlicher Geduld und ständiger Gesprächsbereitschaft ihre Betreuung übernommen hat. Für die Vermittlung einer sachlich-kritischen Sicht des Strafrechts gegenüber naiv-positivistischer Affirmation danke ich ihm in herzlicher Verbundenheit.

Daneben schulde ich zahlreichen anderen Dank, die mir, ob bewußt oder unbewußt, bei der Suche nach Antworten auf entwickelte Fragen geholfen haben. Ausgeschlossen ist, sie alle zu nennen. Gleichwohl statte ich ihnen an dieser Stelle meinen Dank ab. Diejenigen, die es angeht, werden es wissen.

Hamburg, Oktober 1992

Thomas Groteguth

Inhaltsverzeichnis

1. Teil

Einleitung

Mit der Entscheidung des Großen Senats in Strafsachen vom 18. März 1952, hat der BGH eine neue Ära des Strafrechts eingeleitet. Mit der in dieser Entscheidung vollzogenen, inzwischen in § 17 StGB in der Fassung des 2. StRG vom 2. Januar 1975 Gesetz gewordenen Abwendung von der Vorsatztheorie und der Hinwendung zur Schuldtheorie[1] wurde nicht nur das Unrechtsbewußtsein als ein selbständiges Schuldelement anerkannt, sondern darüber hinaus dessen Vorliegen als Voraussetzung für eine Bestrafung bezeichnet[2].

Während die Struktur des Verbrechensaufbaus bis heute umstritten geblieben, der Streit zwischen Vorsatz- und Schuldtheorie noch immer nicht beigelegt ist[3], besteht jedoch kein Zweifel mehr daran, daß das Unrechtsbewußtsein überhaupt ein notwendiges Element der Straftat ist[4,5]. Fehlt dem Täter das Unrechtsbewußtsein, so handelt er in einem die Rechtsfolgen des § 17 StGB auslösenden Verbotsirrtum. Ein solcher Verbotsirrtum ist nicht, wie zunächst in § 21 E 1962 vorgesehen[6], erst dann gegeben, wenn der Täter positiv annimmt, kein Unrecht zu tun, er liegt vielmehr bereits dann vor, wenn dem Täter infolge schlichter Unkenntnis die Unrechtseinsicht gefehlt hat.

Die heute selbstverständlich erscheinende Übereinstimmung im Hinblick auf das Erfordernis des Unrechtsbewußtseins hat nicht zu allen Zeiten bestanden. So zieht sich durch die Rechtsprechung des RG vom Anfang (RGSt 2, 268ff.; Urteil vom 25. Sept. 1880) bis zum Ende (RGSt 77, 275;

---

1 Vgl. BGHSt 2, 194 (209); bestr. von Schmidhäuser AT 10/64; StuB AT 7/88 - 90; JZ 1979, S. 362; Langer, GA 76, S. 216ff.

2 BGH aaO. Bereits vor dem BGH hatten seit dem Kriegsende Obergerichte und der OGH (z.B. OGHSt 2, 117 (129f.) in diesem Sinne entschieden (Nachweise bei Kaufmann, UB, S. 23ff. und Jescheck², S. 247 Fn. 57).

3 Vgl. Langer, GA 1976, S. 209ff.; Schmidhäuser StuB 7/89; H.-W. Schünemann, NJW 1980, S. 735 (736). Der Streit wird im Rahmen dieser Arbeit nicht weiter erörtert werden, da er für die hier behandelten Probleme ohne Belang ist (vgl. in diesem Sinne auch Rudolphi, UB, S. 2f.).

4 Siehe nur LK-Schroeder, 17 Rdn. 1; Jakobs 19/2.

5 Dies tritt bereits in der Bezeichnung der widerstreitenden Theorien zu Tage, die ihre Bezeichnung als Vorsatz- und Schuldtheorie gerade von der Streitfrage herleiten, an welcher Stelle der Straftatstruktur das jedenfalls erforderliche Unrechtsbewußtsein einzuordnen ist.

6 Vgl. LK/Schroeder § 17 Rdn. 17 m.w.N. in Fn. 20; Baumann 8, S. 438 m.w.N. in Fn. 58 in diesem Sinne schon BayObLG JR 63, S. 229.

Urteil vom 26. Nov. 1943) der auf die Rechtsprechung des RG zum Irrtum bezogene Grundsatz error iuris nocet, demzufolge die Unkenntnis der Rechtswidrigkeit der Tat dem Täter grundsätzlich nicht zugute kommen sollte. Diese Haltung des RG war einerseits in dem Bemühen begründet, Beweisschwierigkeiten zu umgehen[7], andererseits beruhte sie auf der inzwischen überholten Differenzierung des RG nach Tatsachen- (error facti) und Rechtsirrtum (error iuris) und bei letzterem nach strafrechtlichem und außerstrafrechtlichem Rechtsirrtum. Während der Tatsachenirrtum immer beachtlich war (error facti non nocet) und den Vorsatz ausschloß, war diese Rechtsfolge beim Rechtsirrtum auf den außerstrafrechtlichen Rechtsirrtum beschränkt. Nur dort sollte der Täter mit seiner Verteidigung, die Norm nicht gekannt zu haben, Beachtung finden können. Fehlte dem Täter das Bewußtsein der Rechtswidrigkeit im Zusammenhang mit der Verletzung einer Strafrechtsnorm, so ging das RG davon aus, daß derartige Normen jedermann bekannt seien und wertete die Behauptung der Unkenntnis der Norm a priori als Schutzbehauptung[8]. Allerdings wurden dort, wo das Einhalten dieses Grundsatzes auch nach reichsgerichtlichen Maßstäben zu untragbaren Ergebnissen führte, wie etwa im „Nebenstrafrecht“[9], Ausnahmen gemacht[10].

An dieser Rechtsprechung des RG ist zu damaliger Zeit permanent Kritik geübt worden[11]. Dem RG wurde vorgeworfen, mit seiner Behandlung der Irrtumsproblematik gegen den Schuldgrundsatz zu verstoßen, indem es den Täter bestrafe, der um die Rechtswidrigkeit seines Verhaltens nicht gewußt hätte. Im Schrifttum wurde als Minimum an Bewußtseinsinhalt das Bewußtsein der Sozialschädlichkeit[12], der Pflichtwidrigkeit[13] bzw. der Gemeinschädlichkeit[14] gefordert. Andere Autoren ließen es ausreichen, wenn der Täter das Unrechtsbewußtsein hätte haben können und müssen[15].

Inzwischen besteht zwar Einigkeit über die Funktion des Unrechtsbewußtseins im weitesten Sinne der soeben dargestellten Definitionen als verbrechenskonstitutives Merkmal, es herrschen jedoch nach wie vor Unklarheiten über die Frage, mit welchem Aktualitätsgrad dem Täter die Kenntnis der Rechts-

---

[7] Jescheck[2], S. 229 m.w.N. in Fn. 47.

[8] Vgl. Hartung, DRZ 49, S. 342f.

[9] Der Begriff „Nebenstrafrecht“, wie der korrespondierende Begriff „Kernstrafrecht“ bedürfen der Kritik. Darauf wird noch zurückgekommen werden.

[10] RGSt 42, 26 (27); 50, 332 (335); 62, 35 (41); vgl. auch Irrtums-VO v. 18.1.1917 (RGBL S. 58) sowie weitere Nachweise bei Jescheck[2], S. 228 Fn. 46.

[11] Vgl. Binding, Normen, Bd. III, S. 384ff.; v. Hippel, Bewußtsein d. RW, insbes. S. 8ff.; Kohlrausch, Irrtum, S. 118ff., S. 178ff.; Mezger, Lb., S. 329f.; weitere Nachw. bei Baumann[5], S. 397.

[12] E. Schmidt in v. Liszt-Schmidt, S. 258.

[13] P. Merkel, Bd. I, S. 242.

[14] Gleispach in MonSchrKrps 16, 229.

[15] Frank § 59 III 2.

widrigkeit seines Verhaltens gegenwärtig sein muß. Hier geht es darum, ob auch der Täter, der, mit bedingtem Unrechtsbewußtsein handelnd, die Rechtswidrigkeit seines Verhaltens nur für möglich hält oder sogar derjenige, der im vermeidbaren Verbotsirrtum handelnd, kein aktuelles Unrechtsbewußtsein hat, dieses aber hätte haben können, bestraft werden darf.

Diese Unklarheiten will die vorliegende Untersuchung beheben. Ausgegangen wird dabei von dem auch der Entscheidung BGHSt 2, 194ff. zugrunde liegenden klassischen Schuldbegriff[16] in der entwickelten Form des Willensschuldbegriffs[17]. Auszugehen ist danach von einer ursprünglichen Einheit des Subjekts und der Gemeinschaft im Rechtsverhältnis, die vom Subjekt als Teil dieser Gemeinschaft in seinem Willen mitgetragen wird. Durch die Straftat verletzt das Subjekt das Gemeinschafts(rechts)verhältnis und begibt sich dadurch in einen Selbstwiderspruch, da das Gemeinschaftsverhältnis von ihm ursprünglich mitgetragen war. Dieser in der Tat zu Tage tretende Widerspruch wird aufgelöst durch die Strafe, wobei das Subjekt die Auflösung und damit die Strafe selbst vom vernünftig-einsichtigen Standpunkt mitbegründet. Dieser Zusammenhang von Verletzung des Allgemeinwillens (Gesetz) und Selbstverletzung des Subjekts (Strafe) impliziert als Voraussetzung der Begründung des in der Straftat liegenden Selbstwiderspruchs die aktuelle Unrechtseinsicht als Einsicht in die dargestellten Zusammenhänge[18].

Die so abgeleitete verbrechenskonstitutive Qualität des Unrechtsbewußtseins wird jedoch im Fall des bedingten Unrechtsbewußtseins und des vermeidbaren Verbotsirrtums eingeschränkt:

Nach heute überwiegender Auffassung genügt es, wenn der Täter ein bedingtes oder ein potentielles Unrechtsbewußtsein hat. Hält es der Täter für möglich, Unrecht zu tun, ist sich dessen aber nicht sicher, so geht die überwiegende Auffassung von aktuellem Unrechtsbewußtsein aus, wenn der Täter die Unrechtsbegehung in einer dem bedingten Vorsatz entsprechenden Weise in seinen Willen aufgenommen und danach mit bedingtem Unrechtsbewußtsein

---

[16] Im Gegensatz dazu wird vor allem in jüngster Zeit eine Auffassung vertreten, die dem Präventionsgedanken im Schuldbegriff ein Übergewicht einräumt und zu dessen Auflösung in reine Präventionserwägungen zu führen droht (Roxin JuS 1966, S. 384; Rudolphi in: Unrechtsbewußtein, S. 6ff.; Klug, Schutzgedanke, S. 49; Dreher, Gerechte Strafe, S. 133; ders., in ZStW 65, S. 486ff.; Heinitz, ZStW 65, S. 26; Jagusch, LK[8] A. II vor § 13; Nowakowski, FS Rittler, S. 67; Jakobs, Schuld und Prävention; ders., Lehrbuch 17/22ff.). Eine detaillierte Auseinandersetzung mit dieser Auffassung kann und soll hier nicht erfolgen (vgl. dazu aber: Köhler, Zusammenhang, S. 40ff.; ders., Begriff der Strafe, S. 62ff., insbesondere S. 66f. m.w.N.; Artur Kaufmann, FS Wassermann, S. 895ff., Köhler GA 1987, S. 155ff.; Wolff, ZStW 97 (1985), S. 826; Griffel in ZStW 98 (1986), S. 43; Stratenwerth, Schuldprinzip, S. 12, 42; LK-Jescheck vor § 13 Rdn. 65, (67)). Sie wird aber dort, wo sie den Gegenstand dieser Untersuchung berührt, insoweit gewürdigt werden.

[17] Vgl. Köhler, Fahrlässigkeit, S. 337f., Begriff, S. 29ff.

[18] Vgl. ebd.

gehandelt hat[19]. Darüber hinaus soll es für einen Schuldvorwurf sogar genügen, wenn der Täter kein Unrechtsbewußtsein, auch kein bedingtes, hatte, diesen Mangel des Unrechtsbewußtseins aber hätte vermeiden können (potentielles Unrechtsbewußtsein).

Dabei ist die Bedeutung des Begriffs der Vermeidbarkeit/Verschuldetheit bisher ungeklärt. Demgemäß läßt auch die Behandlung des Verbotsirrtums in der Rechtsprechung Unsicherheiten und Widersprüchlichkeiten erkennen.

So zieht sich seit der Entscheidung BGHSt 2, 194ff. der Grundsatz durch die Rechtsprechung, daß der Verbotsirrtum nur dann vermeidbar war, wenn der Täter trotz ihm zumutbarer „Anspannung des Gewissens“[20] das Unrechtmäßige seines Tuns nicht erkennen konnte. Gegen diese Bestimmung der Vermeidbarkeit des Verbotsirrtums bestehen Bedenken, da bei der heutigen Verrechtlichung und Durchnormierung fast aller Lebensbereiche[21] nicht davon auszugehen ist, daß dem Täter nur aufgrund seiner Gewissensanspannung die Rechtswidrigkeit seines Verhaltens offenbar werden kann[22].

In der Rechtsprechung ist, obwohl sich die Formel von der Gewissensanpassung auch heute noch findet, eine Verschiebung des Gewichts von dieser moralisierenden Formel zum „Einsatz alle(r) intellektuellen Erkenntnismittel“[23] zu beobachten[24], der vom Täter verlangt wird. Diese Erkenntnispflicht wird dem Subjekt jedoch stets und ständig auferlegt, ohne daß es eines Anlasses bedürfte, der eine Reflexion über die Rechtswidrigkeit nahegelegt hätte[25]. Dies wird damit begründet, daß der Mensch „bei allem, was er zu tun im Begriff steht, sich bewußt zu machen (habe), ob es mit den Sätzen des rechtlichen Sollens im Einklang steht“[26]. Es erscheint zweifelhaft, ob ein derart weitgehender Maßstab mit dem Schuldprinzip vereinbar ist, insbesondere im Hinblick auf die bereits angesprochene Verrechtlichung des gesellschaftlichen Lebens[27].

Bei der Betrachtung der Sorgfaltsanforderungen, die an das Subjekt zu stellen sind, ist festzustellen, daß nach Auffassung der Rechtsprechung dieser Maßstab jedenfalls höher anzusetzen ist, als bei der Fahrlässigkeit in bezug auf

---

19 Einschränkend Timpe, GA 1984, S. 68.

20 BGHSt 2, 194 (201); 4, 236 (243); 5, 284 (289); aufgenommen u. a. in OLG Schleswig, GA 1982, S. 509; Dreher/Tröndle, § 17 Rdn. 8; Baumann/Weber, § 27 III.

21 Vgl. schon Arthur Kaufmann, Parallelwertung, S. 7f., 13f.

22 Vgl. Schönke/Schröder/Cramer, § 17 Rdn. 13.

23 BGHSt 4, 1 (5); 9, 164 (172).

24 H.-W. Schünemann, NJW 1980, S. 741.

25 Wo ein solcher Anlaß erkennbar ist, wird er indessen zur Begründung der Vermeidbarkeit des Verbotsirrtums herangezogen.

26 BGHSt 2, 194 (201); aufgenommen in BGHSt 4, 236 (243); in neuester Zeit FG Köln NJW 86, 2529.

27 Vgl. auch LK-Schroeder § 17 Rdn. 29.

die Kenntnis der Tatumstände. Dies wird damit begründet, daß „mit der Tatbestandsmäßigkeit eines Verhaltens seine Rechtswidrigkeit in der Regel gegeben und dies allgemein bekannt“[28] sei. Dies erscheint nicht nur im Hinblick auf die bereits angesprochene Normenfülle bedenklich[29], diese Begründung ist auch zirkulär; die durch die Tatbestandsmäßigkeit angeblich indizierte Rechtswidrigkeit wird als bekannt vorausgesetzt und zur Begründung eines Prüfungsmaßstabes für deren Erkenntnis herangezogen.

Ferner soll der Sorgfaltsmaßstab auf die individuellen Kenntnisse und Fertigkeiten des Täters bezogen sein[30], ohne daß dieser Grundsatz eingehalten wird. Dies zeigt die Tendenz der Rechtsprechung dort, wo die Möglichkeit besteht, die individuelle Fähigkeit zur Unrechtseinsicht darzulegen[31], wo Schwierigkeiten bei der Anwendung des individuellen Maßstabes auftreten, jedoch das Problem zu übergehen oder eine normativ-typisierende Beurteilung der Vermeidbarkeitsfrage durchzuführen[32]. Auch diese Ausfüllung der Erkenntnispflicht erscheint im Hinblick auf das Schuldprinzip problematisch, da nicht die Täterpersönlichkeit, sondern ein fiktiver Dritter gewürdigt wird[33]. Weiter soll es für die Vorwerfbarkeit des Unterlassens der vom Täter verlangten Anstrengungen nicht darauf ankommen, ob diese zu einer besseren Erkenntnis geführt hätten. Auch wenn die sorgfaltsmäßige Einholung von Rechtsrat nicht zu einer Beseitigung des Irrtums geführt hätte, soll das Unterlassen per se vorwerfbar und der Verbotsirrtum damit vermeidbar sein[34]. Diese Auffassung ist nur dann nachvollziehbar, wenn man sich von der in § 17 2 StGB gestellten Vermeidbarkeitsfrage gänzlich löst und nur auf die Verletzung einer Erkenntnispflicht abhebt. Gegen die Zulässigkeit eines solchen Vorgehens bestehen indessen wiederum Bedenken im Hinblick auf das Schuldprinzip[35], aber auch unter dem Gesichtspunkt des Bestimmtheitsgebots und damit des Rechtsstaatsprinzips.

Schließlich besteht in der Rechtsprechung aber auch in weiten Teilen des Schrifttums die Auffassung, es sei nicht erforderlich, daß der Täter um die konkrete Strafbarkeit seines Verhaltens gewußt habe, es genüge, wenn er sich der Gemeinschafts- oder Rechtswertwidrigkeit bewußt gewesen sei, so daß er auch dann bestraft werden kann, wenn er meinte, er lasse sich lediglich eine

[28] BGHSt 4, 236 (243); in diesem Sinne offenbar auch Haft, AT, S. 209; Maurach/Zipf, S. 532f.; Schönke/Schröder/Lenckner 121 vor § 13.

[29] Vgl. bereits Roxin, FS Henkel, S. 187ff.

[30] BGHSt 3, 357 (366).

[31] Ebd.

[32] BGHSt 4, 105 (106f.); Müller, S. 135.

[33] Vgl. LK-Schroeder, § 17 Rdn. 30.

[34] BGHSt 21, 18; Köln, NJW 1974, S. 1831.

[35] Vgl. Rudolphi, Vermeidbarkeit, S. 199; Armin Kaufmann, Unterlassungsdelikte, S. 146; Timpe, GA 1984, S. 55f.

Ordnungswidrigkeit oder ein Disziplinarvergehen zuschulden kommen[36]. Auch ein solches Offenlassen des auf den Unrechtsgehalt der Tat bezogenen Vorstellungsbildes des Täters erscheint im Hinblick auf das Schuldprinzip bedenklich.

Unter Klärung der hier angedeuteten Fragen will die Untersuchung auch im Hinblick auf Strafbegründungsfragen die Funktion des Unrechtsbewußtseins und des § 17 StGB im Straftatsystem klarstellen. Dazu besteht insofern Veranlassung, als in neuer Zeit eine Tendenz zur Umgehung des § 17 StGB zu erkennen ist. Teils wird versucht, die Problematik der Vermeidbarkeit des Verbotsirrtums durch ein Ausweichen auf die verminderte, bzw. ausgeschlossene Schuldfähigkeit zu umgehen[37], teils wird Zuflucht zu einem schlichten Übergehen der sich stellenden Frage des Verbotsirrtums genommen[38]. Dies beruht darauf, daß die Gerichte durch das Anerkennen eines Verbotsirrtums den allgemeinen Geltungsanspruch der in Frage stehenden Norm zu schwächen befürchten[39], wobei verkannt wird, daß das Strafrecht als Instrument der Wiederherstellung des Rechtsfriedens die aktuelle Normgeltung für den Täter voraussetzt. Abgesehen davon ist zu bedenken, daß sich die Verteidigung in eine prozessual riskante Lage begibt, wenn sie sich auf das Fehlen des Unrechtsbewußtseins beruft, da dies ein umfassendes Geständnis voraussetzt[40]; ein Risiko, das bei der derzeitigen Behandlung des Verbotsirrtums kein Verteidiger ohne Not eingehen wird.

Die Unsicherheit der Rechtsprechung im Umgang mit dem Verbotsirrtum und die mangelnde Prognostizierbarkeit einer im Rechtssystem konsistenten und stringenten gerichtlichen Entscheidung darüber zeigt sich darin, daß zur Frage der Vermeidbarkeit des Verbotsirrtums eine umfangreiche, nicht widerspruchsfreie Kasuistik[41] entstanden ist, der kein Leitprinzip zugrunde liegt[42].

---

[36] In diesem Sinne mit in seltener Offenheit ganz auf Praktikabilität abstellender Begründung BGH (Gr. Sen.) 11, 263 (266); vgl. auch Dreher/Tröndle § 17 Rdn. 6; anders z.B. LK/Schroeder § 17 Rdn. 8; AG Göttingen, NJW 83, 1210.

[37] LG Hagen, Urteil vom 1.12.1978 (31 Ks 51 Js 743/77); aus der Literatur vgl. Müller, S. 145ff.

[38] Vgl. nur den in MDR 1978, 951 abgedruckten Fall, in dem die Staatsanwaltschaft Revision gegen das Urteil des BayObLG vom 22.3.1978 (RReg 5 St 265/77) eingelegt hatte. Dem zugrunde lag der Vorwurf der Beihilfe zum versuchten Schwangerschaftsabbruch. Die Angeklagte hatte indessen, wie sich aus der Sachverhaltsschilderung ergibt, in der Vorstellung gehandelt, das BVerfG werde in seiner damals kurz bevorstehenden Entscheidung über die bereits verabschiedete Fristenlösung, diese bestätigen, oder doch zumindest eine soziale Indikation akzeptieren, deren Vorliegen sie annahm. Weitere Nachweise zur erkannten Tendenz, in der Praxis den Verbotsirrtum „zur Bedeutungslosigkeit herabsink(en)“ zu lassen (Baumann, JZ 1961, S. 564), finden sich bei Tischler, S. 365 Fn. 75.

[39] Vgl. Deckers, S. 66; Stratenwerth, Rdn. 565; Maurach/Zipf S. 525 Rdn. 13.

[40] Deckers, ebd., S. 65.

[41] Lackner, § 17 Anm. 4a.

[42] Deckers, S. 59.

Dies wiederum ist im wesentlichen darauf zurückzuführen, daß sich die Überlegungen der letzten Zeit auf den Standort des Unrechtsbewußtseins und auf die rechtlichen Konsequenzen seines Fehlens beschränkt haben, ohne daß dessen Voraussetzungen näher erforscht worden wären[43]. Es gilt also unter grundlegender Strukturierung des Begriffs des Unrechtsbewußtseins das fehlende Leitprinzip für die Beantwortung der Vermeidbarkeitsfrage zu entwikkeln, um eine dem Prinzip der Rechtssicherheit und dem Schuldprinzip genügende Anwendung des § 17 StGB zu gewährleisten. Von verschiedenen Autoren ist in neuester Zeit dazu angesetzt worden, indem die Frage nach der Zuständigkeit für den Irrtum für die Beurteilung der Vermeidbarkeit fruchtbar gemacht wurde[44], bzw. das Vorliegen einer Erkundigungsobliegenheit als einschränkendes Kriterium für die Beurteilung der Vermeidbarkeit bezeichnet wurde[45]. Unter Einbezug dieser Überlegungen soll im folgenden versucht werden, das fehlende Leitprinzip zu entwickeln und zu begründen.

Die Untersuchung wird sich dabei zunächst mit dem Prozeß der Bildung des Unrechtsbewußtseins befassen und die dafür erforderlichen Voraussetzungen klären. Sodann werden in diesem Zusammenhang als problematisch erkannte Fallgruppen bezeichnet und kategorisiert werden. Dabei wird sich zeigen, aus welchen Gründen es zum Fehlen des Unrechtsbewußtseins kommen kann. Danach wird die Auseinandersetzung mit der Frage stattfinden, unter welchen Voraussetzungen dem Täter das Fehlen des Unrechtsbewußtseins vorzuwerfen ist. Hier werden sich die Ausführungen auf den Bereich des Verbotsirrtums beschränken, ohne daß eine Auseinandersetzung mit dem Überzeugungs- und Gewissenstäter im einzelnen stattfindet[46], da diese Fälle nicht als Verbotsirrtümer anerkannt werden[47]. Ebenso wird keine vertiefte Behandlung des schuldausschließenden Affekts erfolgen[48]. Gegenständlich wird ausschließlich der Fall des frei von außergewöhnlichen seelischen Zuständen Irrenden sein.

---

[43] Schmidt-Klügmann, S. 17f.

[44] Timpe, S. 61ff.; Jakobs, AT, 19/35ff.

[45] Hruschka, AT, S. 313ff.

[46] Vgl. die Arbeiten von Gödan und Ebert.

[47] Ebenso Schmidhäuser, AT, 10/75; Rudolphi, Vermeidbarkeit, S. 41f.; LK-Schroeder, § 17 Rdn. 18 m.w.N.

[48] Vgl. die Arbeiten von Behrendt und Neumann.

2. Teil

Aktuelles Unrechtsbewußtsein

Zunächst soll untersucht werden, unter welchen Voraussetzungen ein dem Schuldgrundsatz in der hier vorausgesetzten Begrifflichkeit[1] genügendes Unrechtsbewußtsein vorliegt. Dabei wird vom nicht defizitären Bewußtsein des im strafrechtsdogmatischen Sinne voll verantwortlich Handelnden ausgegangen. Nach einer kritischen Würdigung des bisherigen Standes der Diskussion wird die gegenwärtige ausschließlich auf das Subjekt bezogene Betrachtung des Unrechtsbewußtseins als inadäquat erkannt. Anschließend wird die intersubjektiv vermittelte Bildung des Unrechtsbewußtseins im einzelnen betrachtet werden.

1. Abschnitt

Abwesenheit von Bewußtseinsdefiziten

Voraussetzung für das Vorliegen des Unrechtsbewußtseins ist, daß das Bewußtsein frei von zurechnungs- und vorwerfbarkeitsmindernden Defiziten ist. Solche Defizite sind denkbar als Fähigkeitsdefizit und als Applikationsdefizit. Ein Fähigkeitsdefizit liegt vor, wenn das Subjekt infolge physisch-pathologischer Ursachen nicht über die erforderlichen Fähigkeiten verfügt, am Rechtsleben und damit am allgemeinen Willen teilzunehmen oder danach zu handeln. Ein physisch-entwicklungsmäßig begründetes Defizit des Bewußtseins liegt etwa vor, bis ein individueller Reifungsprozeß abgeschlossen ist, der es dem Subjekt ermöglicht, sich in eine bestehende Gemeinschaft hineinzufinden und sich ihr anzupassen. Diesem Reifungsprozeß wird Rechnung getragen durch die Regelungen in § 19 StGB und §§ 3, 105, 106 JGG. Pathologische Beeinträchtigungen werden in §§ 20, 21 StGB berücksichtigt.

Derartige Beeinträchtigungen werden aus der Betrachtung ausgeschlossen, da in diesen Fällen keine Verletzung des allgemeinen Willens in strafbegründender Weise vorliegen kann, denn dem Handelnden ist die Entgegensetzung in diesen Fällen nicht bewußt.

---

[1] Vgl. oben 1. Teil.

2. Abschnitt

Entwickeltes Unrechtsbewußtsein

Ausgehend vom im soeben dargestellten Sinne voll verantwortlich Handelnden ist auf der Grundlage des vorgestellten Willensschuldbegriffs[2] das entwikkelte Unrechtsbewußtsein als weitere Voraussetzung für einen Schuldvorwurf zu fordern.

A. Bisheriger Stand der Diskussion

Bevor das Unrechtsbewußtsein in diesem Zusammenhang näher untersucht wird, soll der bisherige Stand der Diskussion analysiert werden.

I. Frage nach dem Inhalt des Unrechtsbewußtseins

Nach herkömmlicher Terminologie in der Rechtsprechung und weiten Teilen der Literatur ist das Unrechtsbewußtsein das Bewußtsein eines Verstoßes gegen die rechtliche Ordnung[3], gegen Rechtssätze irgendwelcher Art[4]. Bei etwas differenzierterer Betrachtung wird das Unrechtsbewußtsein unter Auflösung des wenig aussagekräftigen Begriffs der rechtlichen Ordnung als Verfehlen eines in seiner Allgemeinverbindlichkeit und Unverbrüchlichkeit erkannten Wertes bezeichnet[5]. Diese Differenzierungsstufe wird indessen gegenwärtig in der Strafrechtswissenschaft nicht überschritten. Das in der Definition vorausgesetzte Verhältnis des Subjekts zum verfehlten Wert wird nicht weiter aufgelöst und bleibt im dunkeln. Soweit die Voraussetzungen des Unrechtsbewußtseins diskutiert werden, bezieht sich diese Diskussion auf den Inhalt des Unrechtsbewußtseins und beschränkt sich, wie früher bereits angedeutet, auf die Frage, welche dogmatisch-normsystematische Konkretion des Wertwidrigen in der Tätervorstellung für eine strafrechtliche Verurteilung festgestellt werden müsse, wobei entgegen der herrschenden Meinung die verschiedensten Maßstäbe aufgestellt werden. Problematisiert wird in diesem Zusammenhang etwa, ob die Annahme eines lediglich zivil-, verwaltungs-, disziplinar- oder ordnungsrechtlich relevanten Verstoßes für das Unrechtsbewußtsein als Element der Straftat ausreiche[6]. Derartige lediglich den Inhalt des Unrechtsbewußtseins problematisierende Diskussionen werden seit seiner Konstitutierung als notwendige Voraussetzung der Bestrafung geführt, ohne

[2] Vgl. oben 1. Teil.

[3] Dreher/Tröndle, § 17 Rdn. 3; BGHSt 11, 266.

[4] Nachweise bei LK-Schroeder § 17 Rdn. 6.

[5] SK-Rudolphi, § 17 Rdn. 3; vgl. auch die Nachweise bei LK-Schroeder, ebd.

[6] Nachweise bei LK-Schroeder ebd.

daß eine systematisch konsistente Klärung der Streitfragen herbeigeführt werden konnte.

II. Frage nach den Bildungsvoraussetzungen

Daneben sind die Voraussetzungen der Bildung des Unrechtsbewußtseins in der Vergangenheit kaum Gegenstand wissenschaftlicher Diskussion gewesen. Auch gegenwärtig ist nur eine vereinzelte Auseinandersetzung mit diesem Thema festzustellen, die sich überwiegend in der Reproduktion von Sozialisationszusammenhängen in sozialwissenschaftlicher Terminologie erschöpft, ohne diese Zusammenhänge näher zu untersuchen[7].

1. „Gewissensanspannung" und verwandte Formeln

Überwiegend wird demgemäß in der Literatur davon ausgegangen, daß „dem Menschen ... das Reich der Werte und Normen ... psychisch gegeben"[8] ist[9]. Dies führt in der Anwendung auf das positivierte Recht zu der Behauptung, aus der Verwirklichung des gesetzlichen Tatbestandes ergebe sich stets das Wissen um das Verbotensein dieses Verhaltens[10]; die Leerformel, der Tatbestand indiziere die Rechtswidrigkeit, findet sich in zahlreichen juristischen Gutachten und wird auch verbreitet gelehrt. Auch in der Rechtsprechung des BGH findet keine Auseinandersetzung mit dem Entwicklungsprozeß des Unrechtsbewußtseins statt; dessen Gegebensein wird vorausgesetzt. Dies wird deutlich in den von der Rechtsprechung geprägten Formeln von der „Anspannung des Gewissens"[11], der Anspannung der „sittlichen Kräfte"[12] oder „sittlichen Wertvorstellungen"[13], die in der Literatur teilweise übernommen und reproduziert wurden[14].

---

[7] Vgl. H.-W. Schünemann, NJW 1980, S. 742; Petersohn, S. 73ff.; Maurach/Zipf, S. 525 Rdn. 13; Zipf, Kriminalpolitik, S. 170ff.; Hirsch, FS Schelsky, S. 215ff.; Lau, S. 216ff.; fundierter dagegen Schmidt-Klügmann, S. 25ff.

[8] Rudolphi, Vermeidbarkeit, S. 34.

[9] Diese Sichtweise geht zurück auf die klassische Imputationslehre, vgl. Aristoteles, Nikomachische Ethik, 1113b, 1114a; übernommen von Cicero, De legibus I 42.

[10] „Impulslehre", vgl. Sax, JZ 1976, S. 431.

[11] BGHSt 2, 194 (201); 3, 357 (366); 4, 1 (5); 80 (86); 236 (243); 5, 284 (289); MDR 1958, S. 739.

[12] BGHSt 4, 236 (237).

[13] BGHSt 4, 1 (5).

[14] z.B. Strauß, NJW 1969, S. 1418ff.; Meyer, JuS 1979, S. 252 m. unzutreffendem Stratenwerth-Zitat; Dreher/Tröndle, § 17 Rdn. 8 a.E.; Schmidhäuser AT 10/107; vgl. insbesondere auch Müller, S. 104ff. unter mißverständlicher Bezugnahme auf das Schuldprinzip; Berger, S. 88, der versucht, die Formel durch schlichtes Behaupten gegen Kritik zu verteidigen; Gilleßen, S. 94, der sogar meint, die Gewissensanspannung sei genau dosierbar.

2. Kritik an der Kategorie

Bereits gegen den Terminus „Gewissensanspannung" bestehen Bedenken, da das Gewissen der Willkür des Subjekts weitestgehend entzogen und damit auch nicht anspannbar zu sein scheint[15]. Dieser nicht gering zu schätzende Einwand soll hier jedoch zurückgestellt werden, um weitere gegen derartige Formeln vorgetragene Argumente zu würdigen.

Wenn das Subjekt durch reine Reflexion das Unrecht soll erkennen können, so ist dies nur dann möglich, wenn in ihm die Wertewelt angelegt, das Unrecht zumindest latent gegenwärtig und auf die beschriebene Weise aktualisierbar ist. Diese Betrachtungsweise ist bereits früh auf Kritik gestoßen. Gegen sie wurde vorgebracht, daß sich auch bei größter Anspannung ein nicht vorhandenes Wissen nicht aktualisieren lasse[16]. Dieser Einwand ist ebenso einfach wie überzeugend. Dabei kann es dahinstehen, ob es sich bei diesem Nichtwissen um einen Fall ursprünglichen Nichtwissens handelt, das Subjekt den interessierenden Bewußtseinsinhalt also noch nie gehabt hat oder ob das Nichtwissen nachträglich dadurch eingetreten ist, daß ein gegenwärtig gewesener Bewußtseinsinhalt dem Subjekt wieder entfallen ist. In diesem Zusammenhang besteht Veranlassung, festzuhalten, daß aus einer zu einem früheren Zeitpunkt feststellbaren Unrechtseinsicht nicht ohne weiteres auf aktuelles Unrechtsbewußtsein geschlossen werden kann. Bereits das RG hatte erkannt, daß die Inhalte des Gewissens Wechseln unterworfen sind und einmal aktuell bewußt gewesene Normen dem Subjekt entfallen können, ohne daß sie durch Willensanspannung wieder zu aktualisieren wären[17].

Daneben ist eingewandt worden, es bedürfe auch zur Erinnerung an ein vorhandenes Wissen nicht lediglich einer Willensanspannung, sondern zusätzlich eines inneren oder äußeren Anhaltspunktes, der es dem Gedächtnis ermögliche, den gewünschten Inhalt zu aktualisieren[18].

Ferner wurde ausgeführt, die Fälle des Überzeugungs- und Gewohnheitstäters zeigten, daß die Gewissensanspannung kein taugliches Mittel zur Erlangung der Unrechtskenntnis sei[19]. Vollends deutlich wird die Untauglichkeit der Gewissensanspannung in diesem Zusammenhang dann, wenn das Beispiel des Gewissenstäters, der sein Verhalten unter Berufung auf sein Individualgewissen im Gegensatz zur Rechtsordnung für erlaubt hält, umgekehrt wird: Der Täter, der entgegen der Rechtsordnung sein objektiv erlaubtes Verhalten aufgrund seiner abweichenden Gewissensentscheidung irrtümlich für verboten

---

[15] Vgl. Rudolphi, Vermeidbarkeit, S. 226f. mit zahlreichen weiteren Nachweisen.

[16] Mattil, ZStW 74 (1962), S. 215.

[17] RGSt 75, 32 (34).

[18] Mattil, ebd. unter Bezugnahme auf in diesem Sinne lautende Judikate.

[19] Maurach, S. 409f.; Mattil, ebd., S. 215f.; Schneider, S. 52f.

hält, begeht ein Wahndelikt und bleibt straflos. Diese Straflosigkeit gründet sich auch auf den Satz nullum crimen sine lege. Ebenso wenig wie den Täter sein Individualgewissen entlasten kann, wenn er bewußt gegen die Gemeinschaftsordnung verstößt, kann der Täter selbst Strafnormen schaffen[20]. Daraus erhellt, daß es dem Täter auch bei noch so heftiger Gewissensanspannung nicht möglich ist, dadurch zur Unrechtseinsicht zu gelangen. Das Ergebnis seiner Gewissensanspannung kann stets nur seine individuelle Entscheidung über Erlaubtsein oder Verbotensein darstellen. Die Erkenntnis des Verbotenseins im Sinne eines überindividuell konstituierten staatlichen Verbots kann sich dem Subjekt auf diesem Wege nicht erschließen[21].

Stellenweise ist diese Auffassung dahingehend erweitert worden, daß das Subjekt aufgrund der ihm abverlangten Gewissensanspannung an der Rechtmäßigkeit seines Verhaltens zu zweifeln beginnen und aufgrund der aufgekommenen Zweifel die Notwendigkeit erkennen soll, entweder über die Rechtmäßigkeit seines Verhaltens weiter zu reflektieren oder Erkundigungen darüber einzuholen. Falls dies unterlassen wird, soll sich daraus die Vermeidbarkeit des Verbotsirrtums ergeben.

Gegen eine solche Betrachtung bleibt das oben dargestellte Argument der Unwillkürlichkeit des Gewissens gültig. Wenn das Subjekt an der Rechtmäßigkeit seines Verhaltens zweifelt, so ist dies als ein unwillkürlicher, ursprünglicher Zweifel aufzufassen, kann aber nicht als das Ergebnis einer Gewissensanspannung verstanden werden. Zutreffend ist allerdings, daß ein derartiger Zweifel einen Anlaß darstellen kann, sich über die Erlaubtheit des Verhaltens zu vergewissern. Soweit diese Vergewisserung allerdings im Wege weiterer Gewissensanspannung gewonnen werden soll, bleiben hier die soeben dargestellten Einwände gültig. Eine sinnvolle Erkenntnisbemühung kann in diesem Zusammenhang nur in der Anspannung nicht des Gewissens, sondern der rationalen Erkenntniskräfte des Subjekts bestehen, was praktisch eine Erkundigungspflicht bedeutet. Es geht indessen nicht an, den für eine solche Erkundigungspflicht als notwendige Bedingung vorauszusetzenden Anlaß in Form eines Zweifels als Ergebnis einer jederzeit vom Subjekt zu verlangenden Gewissensanspannung aufzufassen, wie dies in der Rechtsprechung verbreitet geschieht[22], da, wie soeben ausgeführt, ein Zweifel unabhängig vom Willen entsteht. Daher ist die vom Subjekt angeblich jederzeit zu verlangende Gewissensanspannung auch in diesem Zusammenhang als funktionslos erkannt.

---

[20] Mezger, S. 381.

[21] So auch Rudolphi, ebd., S. 226f.

[22] BGHSt 2, 194 (201): „Der Mensch . . . hat . . bei allem, was er zu tun im Begriff steht, sich bewußt zu machen, ob es mit den Sätzen des rechtlichen Sollens in Einklang steht." Diese These ist überspannt und mit heutigen Maßstäben, auch und insbesondere im staatsbegrifflichen Zusammenhang nicht zu vereinbaren.

Darüber hinaus ist die Formel von der Gewissensanspannung auch gefährlich, da durch Gleichsetzung der angeblich zu verlangenden Gewissensanspannung mit dadurch veranlaßtem Zweifel ein solcher fingiert zu werden droht. Daraus ergäbe sich eine jedes Subjekt treffende Erkundigungspflicht ohne festgestellten Anlaß und die Argumentation wäre insoweit zirkulär. Unter Berufung auf den unzureichend analysierten Begriff der Gewissensanspannung, der auch inhaltlich den dargestellten Zweifeln unterliegt, würde ein bestimmtes Ergebnis der Gewissensanspannung aus dem generellen Anlaß fingiert, obwohl selbst bei Zugrundelegung der hier kritisierten Auffassung Anlaß und Ergebnis nicht in der Weise im Zusammenhang stehen, daß aus dem generellen Anlaß zur Gewissensanspannung auf ein bestimmtes Ergebnis geschlossen werden könnte.

Trotz der Zweifelhaftigkeit der These vom vorgegebenen Unrechtsbewußtsein werden die genannten Formeln von der Rechtsprechung ungeachtet massiver Kritik in der Literatur, die ihre Funktionslosigkeit darlegt[23], weiterhin verwendet[24].

3. Relativierung nach Kern- / Randbereich

Wenn die soeben ausgeführten Mängel der These vom vorfindlichen Unrechtsbewußtsein auch nicht im einzelnen bezeichnet und erkannt worden sind, so ist diese doch dahingehend relativiert worden, daß das Unrecht kategorisiert wurde: Nur bei Verstößen gegen die Normen aus dem „Kernbereich“ der Verbote sollte die These mit der bekannten Begründung, daß das Verbot jedermann gegenwärtig sei, aufrecht erhalten werden. Bei den Verstößen gegen Normen aus dem „Randbereich“ sollte das Vorliegen des Unrechtsbewußtseins positiv festgestellt werden müssen.

Diese Kategorisierung wird auch gegenwärtig mit verschiedenen Bezeichnungen, in der Sache aber unverändert angewandt. Die erste Gruppe wird verbreitet als „Kernstrafrecht“[25] oder „Kriminalstrafrecht“[26] bezeichnet, die zweite Gruppe als „Nebenstrafrecht“[27] oder „Ordnungsstrafrecht“[28]. Die Funktion dieser Dichotomien wird darin gesehen, daß bei den Delikten der ersten Gruppe das Unrechtsbewußtsein auch ungeachtet einer entgegenste-

---

[23] Schönke/Schröder/Cramer, § 17 Rdn. 15 m.w.N.; Lenckner, Handbuch, S. 67.

[24] FG Köln, NJW 1986, S. 2529; OLG Schleswig GA 1982, S. 510; Hanseatisches Oberlandesgericht, JR 1978, S. 292.

[25] Maurach/Zipf, S. 543; Stratenwerth, Rdn. 572f.; ähnlich BGHSt 2, 234 (238); 2, 333 (334); 3, 357 (362); 4, 161 (162); 6, 46 (147); 9, 302 (307).

[26] Schmidhäuser, AT 10/72; Schönke/Schröder/Cramer, ebd.; vgl. auch BGHSt 2, 194 (202f.).

[27] Schönke/Schröder/Eser vor § 1 Rdn. 3 m.w.N.

[28] Schmidhäuser, AT 10/73; Schönke/Schröder/Cramer, ebd.

henden positivierten staatlichen Ordnung ohne weiteres angenommen werden kann, wenn nicht ein ganz ungewöhnlicher Ausnahmefall vorliegt[29], während bei den Delikten der zweiten Gruppe das Fehlen des Unrechtsbewußtseins grundsätzlich für möglich gehalten wird[30].

Auch eine derartige Betrachtungsweise begegnet Bedenken. Zunächst ist zweifelhaft, wie die Kategorien voneinander abzugrenzen sind[31], da ein Delikt nicht ohne weiteres als dem Kern- oder Randbereich zugehörig identifizierbar ist, wenn der Bereich der Tötungsdelikte und der Körperintegritäts- und Eigentumsverletzungen verlassen wird, wobei sich möglicherweise im letzten Falle bei gewissen Konstellationen sogar Widerstand gegen eine Zuordnung zum Kernbereich des Strafrechts regen könnte. Eine Abgrenzung ist aber erforderlich, wenn die Kategorisierung nicht funktionslos sein soll. Im Laufe der Zeit sind die verschiedensten Abgrenzungsmaßstäbe vertreten worden. So wurden „fundamentale Rechtsgrundsätze“[32] als konstitutiv für den Kernbereich des Strafrechts angesehen, derjenige sollte gegen eine Kernnorm des Strafrechts verstoßen, der „sich durch die Tat als roher Patron erweist“[33]. Etwas konkreter wurden auf der Grundlage der katholischen Moraltheorie Verstöße gegen die Körperintegrität, das Eigentumsrecht und die Sittlichkeit[34] als Kernbereich der Straftaten angesehen. Nach anderer Auffassung sollte das Naturrecht den Kernbereich des Strafrechts ausmachen[35].

a) Praktikabilität der Kategorisierung

Diese Maßstäbe sind nicht geeignet, im Einzelfall eine Zuordnung zu den Kategorien zu erlauben. Die Heranziehung des Begriffs der fundamentalen Rechtsgrundsätze zur Bestimmung des Kernbereichs ist zirkulär, da die Begriffe inhaltsgleich sind, ohne sich in ihrer Konkretheit zu unterscheiden, so daß eine Definition nicht gegeben ist. Die Roheit der Tat mag für die Strafzumessung relevant sein, nicht aber für die hier interessierende Abgrenzung. Auch eine Einteilung nach Rechtsgütern erscheint zweifelhaft, da das Unrecht nicht nur abstrakt durch das angegriffene Rechtsgut konstituiert wird, sondern auch durch die konkrete Form des Rechtsgutsangriffs im Einzelfall. Der

29 Jakobs 19/7; Schewe, S. 193f.

30 Jakobs 19/11 m.w.N.

31 Ebd. 19/13.

32 Kraushaar, GA 1959, S. 335.

33 Weinberg, S. 36.

34 Cüppers, NJW 1949, S. 8f.

35 Küchenhoff, FS Stock, S. 88; in diesem Sinn auch Lange, JZ 1956, S. 76; vgl. auch Lampe, S. 204. Diese auf Aristoteles, Nikomachische Ethik, 1110b, 1136b zurückzuführende Definition macht den Kern der entscheidenden Frage aus, ob es ein irrtumsfreies Minimum von Rechtssätzen gibt.

Begriff des Naturrechts ist ebenfalls in einer Weise ausfüllungsbedürftig, die es nicht ermöglicht, Verstöße nach Kern- oder Randbereich zu klassifizieren.

Es ergibt sich damit, daß die Grenze zwischen den Kategorien nicht bestimmbar ist[36], da es sich bei der Zuordnung zu den Kategorien um eine normative Einzelfallentscheidung handelt. Bei diesem Befund erscheint der Wert der Kategorisierung zweifelhaft, da sie in den eigentlich problematischen Fällen, die meist im Grenzbereich der Kategorien angesiedelt sind, nicht weiter zu helfen vermag. Die mangelnde Bestimmbarkeit wird zwar teilweise für unschädlich gehalten[37], dieser Ansicht kann aber nicht gefolgt werden. Zunächst ist festzustellen, daß, wenn eine Kategorisierung durchgeführt wird, diese einen praktischen Wert haben muß. Anderenfalls ist sie funktionslos. Wie soeben dargelegt wurde, ist ein praktischer Nutzen der Kategorisierung hier nicht erkennbar. Mit dieser Funktionslosigkeit steht indessen noch nicht fest, daß die Kategorisierung nicht unschädlich ist. Diese Frage soll jetzt geklärt werden.

b) Kritik der Kategorisierung

Wie bereits ausgeführt, wird die Funktion der Kategorisierung in einer Indikation des aktuellen Unrechtsbewußtseins gesehen. In dieser Indikationsfunktion liegt jedoch die Gefahr begründet, daß bei der Feststellung des Unrechtsbewußtseins nicht mit der gebotenen Sorgfalt vorgegangen oder dieses fingiert wird. Dies kann schließlich zu einer faktischen Beweislastumkehr dergestalt führen, daß bei Taten, die der Urteiler für dem Kernbereich zugehörig hält, das aktuelle Unrechtsbewußtsein widerleglich vermutet wird, wobei dem Beschuldigten der Entlastungsbeweis obläge[38]. Eine derartige Behandlung hat der Verbotsirrtum in der Rechtsprechung des Reichsgerichts erfahren.

aa) Vergleich mit der Rechtsprechung des Reichsgerichts

Dieses wandte eine Kategorisierung im hier kritisierten Sinne an und differenzierte nach strafrechtlichem und außerstrafrechtlichem Irrtum, ohne diese Kategorisierung indessen einzuhalten. Dabei ist unter Berücksichtigung der damaligen Verhältnisse und der vehementen Ausweitung des Strafrechts im Laufe der Zeit[39] der strafrechtliche Irrtum mit der heutigen Kategorie des Irrtums im Kernbereich des Strafrechts gleichzusetzen.

---

36 Jakobs, 19/13; zur Kritik der Kategorisierung vgl. bereits Welzel, JZ 1956, S. 240.
37 Ebd.
38 Vgl. in diesem Sinne bereits v. Almendingen, S. 241.
39 Vgl. dazu auch BGHSt 2, 194 (202).

(1) Kritik an der Rechtsprechung des Reichsgerichts

Wie bereits angedeutet, war diese Rechtsprechung des Reichsgerichts heftiger Kritik ausgesetzt[40] und stieß in der Literatur auf einhellige Ablehnung. Es lohnt sich, die damals vorgetragenen Argumente zu betrachten:

Der reichsgerichtlichen Auffassung wurde vorgeworfen, gegen den Schuldgrundsatz zu verstoßen[41]. Die Bestrafung eines Täters, der das Unrechtmäßige seines Verhaltens nicht gekannt habe, sei damit in der vom Reichsgericht praktizierten Allgemeinheit nicht zu vereinbaren[42].

Ferner wurde vorgebracht, die Behandlung des Verbotsirrtums durch das Reichsgericht verstoße gegen das Bestimmtheitsgebot, bzw. das Willkürverbot[43], da die Zuordnung zum strafrechtlichen, bzw. außerstrafrechtlichen Irrtumsbereich insgesamt nicht vorhersehbar und im Einzelfall nicht nachvollziehbar sei. Das Reichsgericht entscheide weitgehend gefühlsbestimmt und lasse sich von Strafbedürftigkeitserwägungen leiten[44].

Schließlich wurde grundlegend gegen die These des Reichsgerichts, Strafrechtssätze seien allgemein gegenwärtig, eingewandt, die systematische Stellung einer Norm besage nichts über deren Präsenz im gesellschaftlichen Bewußtsein[45].

(2) Heutige Gültigkeit der Kritik

Die damals vorgetragenen Argumente haben nichts an Aktualität eingebüßt und sind auch heute noch gegen die Kategorisierung der Straftaten nach Kern- und Randstrafrecht gültig. Eine Anwendung der Kategorien mit der Folge der Beweislastumkehr wäre mit rechtsstaatlicher Strafrechtsanwendung insbesondere im Hinblick auf das Schuldprinzip und das Bestimmtheitsgebot nicht zu vereinbaren.

(a) Schuldprinzip

Das Schuldprinzip verlangt die positive Feststellung aller Elemente der dem Beschuldigten zur Last gelegten Straftat auch und insbesondere im Bereich der Zurechnung der Tat zur Schuld. Eine Beweislastumkehr, im Strafrecht

---

40 Vgl. oben 1. Teil.

41 Zu Dohna, GS 65, S. 320ff.; Beling, S. 180ff.; Binding, Schuld, S. 100ff.

42 Grundlegend dazu Welzel, Strafrecht, S. 157ff.

43 v. Hippel, Strafrecht, S. 344 mit ausführlichen Nachweisen des damaligen Argumentationsstandes in Fn. 4.

44 Wegner, S. 162; v. Hippel, ebd.

45 v. Hippel, ebd., S. 343.

ohnehin schon bedenklich genug, kann in diesem Zusammenhang nicht hingenommen werden[46].

(b) Bestimmtheitsgebot

Das Bestimmtheitsgebot verlangt eine maximale Voraussehbarkeit und Berechenbarkeit der Straftatfolgen. Damit ist es unter Berücksichtigung des eben Ausgeführten nicht zu vereinbaren, wenn die Zuordnung eines Deliktes zum Kern- oder Randbereich des Strafrechts mit den bezeichneten Folgen in das Ermessen des Beurteilers gestellt würde, ohne daß diese Entscheidung anhand eines nachvollziehbaren Maßstabes einer Überprüfung unterzogen werden könnte[47]. Im Hinblick auf die elementare Bedeutung des Bestimmtheitsgebots[48] darf die Gefährlichkeit einer solchen Rechtsanwendung keinesfalls als übertriebene Dogmatik abgetan und gering geschätzt werden. Ein deutlicher Hinweis auf die Gefährlichkeit liegt darin, daß ein ehemaliger Präsident des Bundesgerichtshofs den Bestimmtheitsgrundsatz im dargestellten Zusammenhang aufgibt: „Allgemeine rechtsphilosophische Ausführungen darüber zu machen, wie und mit welchem Grade der Gewißheit diese Ordnung (der Verf.: Das Naturrecht) erkannt oder erschaut werden könne, ist nicht Aufgabe des Gerichts. Es löst diese Aufgabe so, daß es diejenigen naturrechtlichen Sätze findet und ausspricht, auf die es die Entscheidung des Einzelfalles führt. *Das Kriterium ihrer Wahrheit ist das Gefühl innerer Gewißheit, das sie vermitteln*[49]. (Hervorhebung vom Verf.)

(c) Ableitung des Normbewußtseins aus der Kategorisierung

Zutreffend ist darüber hinaus auch, daß die systematische Stellung einer Norm nichts über deren Verbreitung im Bewußtsein der Bevölkerung aussagt. Besonders deutlich trat dieser Gesichtspunkt in der Kritik an der reichsgerichtlichen Einteilung nach strafrechtlichem und außerstrafrechtlichem Irrtum hervor, wenn etwa die dem Laien mit einiger Sicherheit unbekannten Vor-

---

[46] Kerkau, S. 154 bezeichnet die Heranziehung des Naturrechts als Differenzierungskriterium durch die Rechtsprechung zu Recht als die Begründung einer unwiderleglichen Schuldvermutung. In dem hier zum Ausdruck kommemden Verzicht auf nachvollziehbare Feststellungen zum Unrechtsbewußtsein im Einzelfall zeigt sich deutlich die generelle Gefährlichkeit der funktionslosen Unterscheidung.

[47] Vgl. zur Kritik der Definition des Kernbereichs als „Naturrecht" unter dem Gesichtspunkt des Bestimmtheitsgebotes Kerkau, S. 198ff.; ferner zur Kritik der Nachkriegsrechtsprechung Arthur Kaufmann, Naturrecht, S. 6.

[48] Vgl. Maunz/Dürig/Herzog-Dürig, Art. 103 Abs. II Rdn. 103ff.

[49] Weinkauff, NJW 1960, S. 1691; detaillierte Kritik bei Kerkau, S. 159 und zur Begrenzung vorpositiver Erwägungen durch den Bestimmtheitsgrundsatz, S. 202ff., insbesondere S. 218f.; vgl. auch Baak, S. 10f.; bereits Heidegger hat dargelegt, daß die Existenz ewiger Wahrheiten unbewiesene Behauptung bleiben muß.

schriften über die Errichtung eines Testamentes[50] oder über das Veranstalten einer Lotterie[51] betrachtet werden. Dieses Argument ist aber auch heute noch gegen die Kategorisierung nach Kern- und Randbereich anzuführen. Zwar vermeidet die neuere Differenzierungslehre die in der reichsgerichtlichen Irrtumsrechtsprechung deutlich gewordene evident willkürliche Zuordnung nach strafrechtlichem und außerstrafrechtlichem Rechtsirrtum, damit ist jedoch nur der Unsicherheitsfaktor ausgeschieden, der in der Positivierung des Rechtssatzes in einem dem Straf- bzw. Zivilrecht zuzuordnenden Gesetzeswerk liegt. Die Einteilung nach Kern- und Randbereich ist aber ebenso zu kritisieren, da die Zuordnung hier ebenfalls von der systematischen Stellung der Vorschrift im Kern- oder Randbereich abhängt, die zwar nicht positiviert, gleichwohl aber als normative Kategorie im Beurteilerhorizont gegenwärtig ist. Dieser aber kann nicht nur nicht die Verbreitung der verletzten Norm im Rechtsbewußtsein indizieren, der Beurteilerhorizont kann insbesondere nicht gleichgesetzt werden mit dem Horizont des Täters. Wird dies unberücksichtigt gelassen, droht die Imputation aktuellen Unrechtsbewußtseins unter dem Vorwand der Zugehörigkeit der verletzten Norm zum Kernbereich, während tatsächlich Strafwürdigkeits- und Strafbedürftigkeitserwägungen die Entscheidung leiten[52].

Die hier diskutierte Auffassung ist – weiter vertiefend – auf ihren Grund zurückzuverfolgen und von dort aus zu kritisieren.

Das von der Formel der Gewissensanspannung Bezeichnete stellt sich danach als Akt des Werterschauens der auch in ihrem Rang bereits festliegenden Werte dar, die dem Subjekt in intuitiver Evidenz erkennbar werden[53]. Damit ergibt sich, daß die materiale Wertethik[54] Basis der hier kritisch zu würdigenden Sicht von der Bildung des Unrechtsbewußtseins ist. Diese Sicht der Bildung des Unrechtsbewußtseins ist zwar gegenwärtig noch vertreten, sie ist aber durchgreifender Kritik ausgesetzt:

bb) Materiale Wertethik

Gegen sie spricht, daß eine dem Menschen vorgegebene absolute Wertordnung in ihrem Bestand und in ihren Rangverhältnissen unabänderlich sein müßte. Die Lebenswirklichkeit aber zeigt, daß es verschiedene Wertsysteme in verschiedenen Kulturen gleichrangig nebeneinander gibt und daß ferner

---

50 RGSt 57, 235.

51 RGSt 2, 268 m. Kritik bei Baumann[8], S. 422.

52 Vgl. dazu Nachweise bei Wegner, S. 162 und v. Hippel, S. 344. Ferner die sorgfältige kritische Auseinandersetzung mit BGHSt 2, 234 bei Kerkau, S. 147f.

53 Vgl. Scheler, Formalismus, S. 90; Hartmann, Ethik, S. 148.

54 Begründet von Hartmann, Ethik, S. 119ff.; ders., Erkenntnis, S. 215ff., 542ff., 553ff.; Scheler, Formalismus.

innerhalb eines Rechtssystems das Rangverhältnis der Werte im Laufe der Zeit veränderlich ist. Diese Divergenzen können nicht damit erklärt werden, daß die Werte und ihre Rangordnung erst entdeckt und erschlossen werden müßten[55]. Zunächst impliziert eine solche Betrachtungsweise die Falschheit, weil sich aus der Verschiedenartigkeit der Systeme deren Unentwickeltheit der Systeme bis auf bestenfalls ein richtiges ergeben müßte. Angesichts der Vielfältigkeit der interkulturellen Wertordnungen und der teilweise vehementen Entwicklung des Wertsystems in einer Kultur, wobei Zwangs- und Willkürsysteme außer Betracht bleiben, kann nicht davon ausgegangen werden, daß nur ein System das objektiv richtige ist und alle divergierenden Ordnungen objektiv falsch sind. Dies erweist sich in der Koexistenz divergierender Ordnungen gleicher Entwicklungsstufe.

Neben diesem praktischen Gesichtspunkt widerlegt jedoch ein Selbstwiderspruch das Konzept der materialen Wertethik: Die Erklärung der Divergenzen enthält bereits einen solchen, da es bei der von der materialen Wertethik vorausgesetzten Evidenz der Werte Divergenzen nicht geben könnte. Weil es diese Divergenzen aber gibt, ist die These von der Evidenz der Werte widerlegt.

cc) Methodischer Mangel

Weiter ist festzustellen, daß die Auffassungen vom vorgegebenen Unrechtsbewußtsein in ihren sämtlichen Varianten einen methodischen Mangel aufweisen, indem sie mit dem Begriff des Unrechtsbewußtseins operieren, ohne diesen Begriff einer Analyse unterzogen zu haben.

Darüber hinaus verfehlt der Ansatz der materialen Wertethik den Normbegründungszusammenhang überhaupt, da die Möglichkeit der Selbstbestimmung freier Subjekte in diesem Ansatz nicht gegenwärtig ist, diese aber Grundlage der Normbildung im freiheitlichen Rechtsstaat sein muß[56].

Diese These wird später wieder aufzugreifen sein.

c) Erforderlichkeit weiterer Analyse des Unrechtsbewußtseins

Wie die vorgetragene Kritik zeigt, ist eine weitere Analyse erforderlich. Insbesondere scheint die intersubjektive Dimension der Bildung des Unrechtsbewußtseins bisher nicht genügend erkannt bzw. berücksichtigt worden zu sein. Es ist daher angebracht, diese Zusammenhänge zu reflektieren, um auf der Grundlage der gewonnenen Erkenntnisse zu einer angemessenen Lösung der

---

55 So aber Scheler, S. 314f.

56 Vgl. zum individuell-freiheitlichen Ansatz Böckenförde, Staat S. 21ff., 31ff.; ders., Staat und Gesellschaft, S. 189, 191ff.

anstehenden Probleme zu gelangen. Dafür genügt es nicht, eine psychologisierende Betrachtung von Bewußtseinsphänomenen im weitesten Sinne anzustellen. Derartige Betrachtungen kommen, so verdienstvoll sie im bewußtseinspsychologischen Zusammenhang auch sein mögen, über das äußere Erscheinungsbild von in bestimmter Weise definierten Phänomenen nicht hinaus[57] und können die hier interessierende Beziehung, die „Stellung des Subjekts zum Sollen“[58] nicht auflösen. Dies liegt darin begründet, daß eine derartige Betrachtungsweise, die sich allein auf die Untersuchung des Täterbewußtseins beschränkt, nur einen Teil des relevanten Zusammenhanges, nur das Subjekt, nicht aber die für die Klärung der anstehenden Fragen entscheidenden intersubjektiven Zusammenhänge würdigt. Daraus ergibt sich in der Anwendung der psychologisierend gewonnenen Erkenntnisse die Gefahr von unzulässigen Allgemeinheitsschlüssen, indem unter Berufung auf die durch psychologisierende Betrachtung ausschließlich des Subjekts gewonnene und als solche nicht zu kritisierende Kategorie des „Mitbewußtseins“ Feststellungen über das Täterbewußtsein getroffen werden, die sich bei Berücksichtigung der intersubjektiven Vermitteltheit der Bewußtseinsinhalte als Fiktion erweisen. Darauf wird später noch zurückzukommen sein.

III. Ergebnis

Bevor nunmehr der Prozeß der intersubjektiv vermittelten Bildung des Unrechtsbewußtseins betrachtet wird, sollen die bisher gewonnenen Ergebnisse der Betrachtung des derzeitigen Diskussionsstandes erinnert werden.

Die Anspannung des Gewissens, bzw. eine reflexive Anspannung in diesem Sinne, wie sie auch immer bezeichnet wird, ist nicht geeignet, dem Subjekt zur Unrechtseinsicht zu verhelfen.

Deshalb ist es sinnlos und rechtlich irrelevant, zu behaupten, das Subjekt habe einen Anlaß zur Gewissensanspannung gehabt.

Die gängige Begründung der Annahme des (potentiellen) Unrechtsbewußtseins, das Subjekt habe bei gehöriger Anspannung des Gewissens die Unrechtseinsicht erlangen und daher den Verbotsirrtum vermeiden können, ist nicht tragfähig. In einem solchen Begründungsgang liegt die Gefahr einer Fiktion des Unrechtsbewußtseins, da die nicht begründungstaugliche Behauptung, einmal aufgestellt, dazu verführt, von weiterer erforderlicher Überprüfung der Vermeidbarkeit des Verbotsirrtums abzusehen.

Schließlich soll neben diese gefundenen Ergebnisse folgende These gestellt werden: Das Unrechtsbewußtsein ist nicht etwas dem Menschen schon ursprünglich eigenes, sondern etwas Zusätzliches, das erworben werden muß.

---

[57] So bei Furger, S. 22ff.

[58] Hartmann, S. 181.

Dies vollzieht sich in einem intersubjektiven Vermittlungsprozeß. Objektivistisch ausgerichtete Erklärungsansätze, wie der der materialen Wertethik sind daher verfehlt.

Diese These soll im folgenden überprüft werden. Dazu ist zu untersuchen, wie sich Unrechtsbewußtsein bildet.

B. Bildung des Unrechtsbewußtseins

Nach heute allgemeiner Auffassung handelt der Täter schuldhaft, der zum Tatzeitpunkt das aktuelle Bewußtsein der Rechtswidrigkeit hatte. Dies bedeutet im entwickelteren Verständnis auf der Grundlage des Willensschuldbegriffs, daß sich der Täter mit seinem Verhalten in einen Selbstwiderspruch begibt[1].

I. Ambivalenz des Begriffs des Unrechtsbewußtseins

Zur weiteren Analyse ist es erforderlich, zu erinnern, daß der Begriff des Unrechtsbewußtseins einen doppelten Bedeutungsgehalt hat. Zunächst bezeichnet er die normative Kategorie, die Haltungen des Subjekts zu bestimmten Werten, die sich im Laufe der Zeit bilden. Das Individuum entwickelt mehr oder weniger differenzierte abstrakte sittliche Grundhaltungen, abstrakte Inhalte von Gut und Böse, die auch in bestimmter Form die Kenntnis von rechtlich relevanten Ge- und Verboten umfassen. Daneben wird mit dem Begriff des Unrechtsbewußtseins aber auch das tatsituativ-konkrete applizierende Bewußtsein der Norm bei der Entscheidung für normgemäßes oder normwidriges Verhalten bezeichnet. Diese Explikation des Unrechtsbewußtseins ist es, auf die sich die Rede von Aktualität und Potentialität des Unrechtsbewußtseins bezieht[2].

Die beiden Erscheinungsformen des Unrechtsbewußtseins stehen zueinander dergestalt in einem Abhängigkeitsverhältnis, daß die zweite Form, das applikativ-konkrete Unrechtsbewußtsein, die allgemeine Kenntnis, bzw. das Haben von Kategorien von Gut und Böse voraussetzt und von diesen Kategorien bestimmt wird. In der Tatsituation kann das Subjekt nur die von ihm zuvor gebildeten Kategorien anwenden. Aktualität des Unrechtsbewußtseins ist danach gegeben, wenn in der Tatsituation eine vorhandene Kategorie angewendet wird und zu entsprechender Erkenntnis führt. Potentialität des Unrechtsbewußtseins liegt dagegen vor, wenn ein solcher Applikationsvorgang nicht stattgefunden hat, dies aber möglich gewesen wäre, da die erforder-

[1] Vgl. oben 1. Teil.

[2] Zur richtigen Begriffsbildung mit detaillierter Ableitung auf der Grundlage der aristotelisch-thomistischen Zurechnungslehre vgl. Köhler, Fahrlässigkeit, S. 110ff., 118ff.

lichen Kategorien mehr oder weniger vermittelt zur Verfügung standen und aktualisierbar gewesen wären.

Es ergibt sich, daß Potentialität des Unrechtsbewußtseins seine Aktualität ausschließt. Daraus folgt, daß Potentialität des Unrechtsbewußtseins per se keine taugliche Grundlage für einen Schuldvorwurf im Sinne der Begründung eines Selbstwiderspruchs[3] bildet, denn Potentialität des Unrechtsbewußtseins enthält keine Wertung. Die gegenwärtige unzutreffende und damit verwirrende Verwendung des Begriffs des potentiellen Unrechtsbewußtseins auf der Grundlage der normativen Schuldtheorie[4] enthält einen Kurzschluß, da die Kategorie des potentiellen Unrechtsbewußtseins als Grundlage eines Schuldvorwurfs herangezogen wird. Dabei wird nicht deutlich gemacht, daß im Begriff der Potentialität nach dieser Auffassung eine Wertung enthalten ist, die den Begriff als Grundlage eines Schuldvorwurfs tauglich macht. Diese Wertung hat zum Inhalt, daß das Subjekt nicht nur die erforderlichen Kategorien zur Verfügung hatte, sondern diese auch hätte anwenden können und müssen. Dies ist allerdings im Befund der Potentialität des Unrechtsbewußtseins nicht enthalten. Es kann nicht aus dem Fehlen pathologischer Defizite unmittelbar auf die Aktualisierbarkeit der vorhandenen Kategorien geschlossen werden. Die auf der Grundlage des normativen Schuldbegriffs erzielten Ergbnisse sind demgemäß nur teilweise zutreffend, da die Frage nach der Aktualisierbarkeit der dem Subjekt zur Verfügung stehenden Kategorien übergangen wird.

Im Ergebnis stellt die unexakte Begriffsbildung auf dieser Grundlage an das Subjekt die bereits kritisierte überzogene Anforderung, es müsse sich bei allem, was es zu tun im Begriff steht, fragen, ob es mit den Sätzen rechtlichen Sollens in Einklang steht[5]. Darüber hinaus birgt diese Begriffsbildung erneut die massive Gefahr der Fiktion eines nicht vorhandenen Unrechtsbewußtseins[6] unter Berufung auf den Topos des „potentiellen Unrechtsbewußtseins“. Diese Gefahr liegt in der dargestellten kurzschlüssigen Imputation der Möglichkeit der Aktualisierung in den neutralen Befund der Potentialität, die wiederum in der verfehlten Begriffsbildung und in der mangelnden Reflexion des Bildungsprozesses des Unrechtsbewußtseins begründet liegt. Diese Mängel müssen behoben werden. Dazu ist zunächst der Begriff des (potentiellen) Unrechtsbewußtseins im Sinne des Habens von Kategorien weiter zu untersuchen.

---

[3] Vgl. oben 1. Teil.
[4] Zur richtigen Begriffsbildung vgl. Köhler, Fahrlässigkeit, S. 110ff., 118ff.
[5] Vgl. oben A. I. 2.
[6] Zu dieser Gefahr siehe bereits Schmidhäuser, FS Mayer, S. 338.

II. Derzeitiger Stand der Analyse

Wann Unrechtsbewußtsein vorliegen soll, ist im Laufe der Zeit umstritten gewesen. Ohne auf Einzelheiten einzugehen, soll festgehalten werden, daß der Bereich aktuellen Unrechtsbewußtseins zunächst auf die Fälle beschränkt wurde, in denen der Täter sich im Sinne eines Sprachdenkens[7] bewußt gewesen ist, Unrecht zu tun und sich der ihm verfügbaren Kategorien sprachgedanklich erinnerte. Sprachdenken ist in diesem Zusammenhang als gedankliche Auseinandersetzung des Subjekts mit der Tatsituation in den Kategorien der Sprache zu verstehen[8].

Aufgrund der Arbeiten von Platzgummer[9], Schmidhäuser[10] und Schewe[11] wurden später auch die Fälle in den Bereich aktuellen Unrechtsbewußtseins einbezogen, in denen der Täter sich nur sachgedanklich[12] mitbewußt war, Unrecht zu tun. Ein solches sachgedankliches (Mit)Unrechtsbewußtsein soll dann vorliegen, wenn der Täter in einer Weise von der Rechtswidrigkeit seines Verhaltens weiß, wie sie der Kenntnis „von den einfachen Regeln der Mathematik“[13] entspricht. Gemeint ist damit die Erkenntnis, daß der Mensch mit den Dingen auch umgehen kann, ohne für seine Erkenntnis die Kategorien des Sprachdenkens unmittelbar zu benutzen, die sich in ihrer Struktur als Umweg darstellen. Das Vorhandensein derartiger sachgedanklich mitbewußter Kategorien macht das unmittelbare Sprachdenken entbehrlich und ermöglicht den unmittelbar meinenden Umgang mit den Dingen selbst[14].

Sowohl die Annahme eines sachgedanklich vermittelten, als auch die eines sprachgedanklichen aktuellen Unrechtsbewußtseins setzt allerdings voraus, daß, sei es sach- oder sprachgedanklich vermittelt, ein Rückgriff auf eine normative abstrakte Kategorie stattgefunden hat. Die Annahme potentiellen Unrechtsbewußtseins im Sinne einer notwendigen Bedingung der Strafbarkeit setzt voraus, daß ein solcher Rückgriff auf eine normative Kategorie möglich gewesen wäre.

Es mag in diesem Zusammenhang dahinstehen, ob und bejahendenfalls unter welchen näheren Voraussetzungen die Feststellung sprachgedanklichen aktuellen Unrechtsbewußtseins den nach dem Schuldprinzip an das Unrechts-

---

[7] Vgl. v. Freytag-Löringhoff, S. 549ff.; Schmidhäuser, FS Mayer, S. 325ff.

[8] Vgl. Schmidhäuser, ebd.

[9] Platzgummer, Die Bewußtseinsform des Vorsatzes.

[10] Schmidhäuser, FS Mayer, S. 317ff.

[11] Schewe, Bewußtsein und Vorsatz.

[12] Vgl. v. Freytag-Löringhoff; Schmidhäuser, FS Mayer.

[13] Der Vergleich stammt von Rudolphi, Vermeidbarkeit, S. 169.

[14] Vgl. Schmidhäuser, FS Mayer, S. 325ff.; zur notwendigen aber vermittelteren Bezogenheit auch dieser Bewußtseinskategorie auf die Sprache vgl. Arthur Kaufmann, Parallelwertung, S. 30ff. mit zahlreichen weiteren Nachweisen.

bewußtsein zu stellenden Anforderungen im Sinne einer hinreichenden Bedingung genügt. Festzustellen ist jedenfalls, daß die Annahme sachgedanklichen aktuellen Unrechtsbewußtseins näherer Betrachtung bedarf, da hier offenbar die Gefahr der Fiktion eines tatsächlich nicht vorliegenden dem Schuldgrundsatz gemäßen Unrechtsbewußtseins unter Berufung auf den Topos des sachgedanklichen Mitbewußtseins besteht[15]. Eine solche Überprüfung setzt zunächst eine Analyse jener Zusammenhänge voraus, die zur Bildung normativer Kategorien des Subjekts führen, da, wie dargelegt, diese Kategorien die Basis des Unrechtsbewußtseins bilden.

Die Bildung normativer Kategorien wurde insbesondere von den Vertretern der Lehre vom sachgedanklichen Unrechtsbewußtsein untersucht. Die Lehre vom sachgedanklichen Unrechtsbewußtsein geht davon aus, daß das Subjekt im Laufe seiner Entwicklung in Kontakt mit Werten tritt und diese im Wertgefühl und im Gewissen subjektiv erlebt. In diesem Werterlebnis erlebe das Subjekt gleichermaßen das von den Werten ausgehende Sollen. Diese Erfahrungen objektiver, kulturspezifischer Werte prägten die subjektiven Werthaltungen. Auch die kollektiven Normen haben nach dieser Auffassung in dem elementaren Erfahrungsprozeß ihre Grundlage. Diese bildeten sich durch übereinstimmende Haltungen zu bestimmten Werten. Auf diese Weise entständen sowohl Regeln als auch in weiterer Ausdehnung derartiger Konvergenzen Rechtsordnungen[16].

III. Offene Fragen

So einleuchtend diese elementare Beschreibung von Sozialisationszusammenhängen auf den ersten Blick auch sein mag, die beschriebenen Vorgänge und Zusammenhänge bedürfen doch näherer Betrachtung:

Zunächst ist festzustellen, daß der Begriff des Werterlebnisses noch nicht genügend Klarheit über das bezeichnete Phänomen vermittelt. Es bleibt unklar, was ein Wert ist und wie er gebildet wird. Auch der Begriff des Erlebnisses bedarf der Auflösung im Hinblick auf die Voraussetzungen und Modalitäten des Erlebens von Werten.

Ferner ist das Phänomen der Konvergenz der Wertungen nicht hinreichend erklärt und scheint auf Zufälligkeiten zu beruhen. Die als Habitualisierung im soziologischen Sprachgebrauch bekannte Kategorie ist, obwohl für das funktionelle Verständnis dieser Zusammenhänge von Bedeutung, jedenfalls keine genügende Erklärung, da sie lediglich die Modalitäten der Herausbildung der

---

15 Zur Kritik des Begriffs vgl. grundlegend Köhler, GA 1981, S. 285ff.; vgl. auch Horn, Verbotsirrtum, S. 43; Schmidhäuser, ebd., S. 320ff.; Arthur Kaufmann, Parallelwertung, S. 15.

16 Vgl. die Darstellung bei Rudolphi, Vermeidbarkeit, S. 50f.

Konvergenzen analysiert, nicht aber zur Erkenntnis des Grundes dafür verhilft[17].

Mit der scheinbaren Zufälligkeit der konvergenten Werterfahrung im Zusammenhang steht die Frage, wie das Subjekt die Objektivität der Geltung eines Wertes erfassen kann, wenn sich Werterfahrung stets subjektiv vollzieht[18]. Schließlich bleibt auch ungeklärt, wie nach dem dargestellten Verständnis der Bildungszusammenhänge des Unrechtsbewußtseins Veränderungen in der Wert- und Sinnordnung, Anpassungen der objektiven Ordnung an veränderte Verhältnisse und Anschauungen und damit Fortentwicklungen der Rechtsordnung möglich sind, bzw. wie sich diese Vorgänge erklären lassen. Denn einer Veränderung der einmal durch Konvergenzen gebildeten Ordnung müßte nach der dargestellten Sichtweise diese selbst entgegenstehen, da sie doch aus dem durch sie zugleich repräsentierten und geschützten Ordnungswert ihren Geltungsanspruch bezieht[19], dieser Geltungsanspruch sich aber nicht relativieren läßt.

Diese Unklarheiten und Widersprüche zeigen, daß der derzeitige Stand der Erkenntnis in bezug auf die Bildung von normativen Kategorien des Subjekts der Vertiefung bedarf.

IV. Bestimmung des Unrechtsbewußtseins aus dem Begriff der Person

Da in der Forschung bisher überwiegend versucht wurde, den Begriff des Unrechts und damit auch den des Unrechtsbewußtseins statisch vom Begriff des Rechts abzuleiten, ohne daß dies erfolgreich war[20], soll jetzt der in neuerer Zeit entworfene Ansatz einer Bestimmung des Unrechts aus dem Begriff der Person aufgegriffen werden, mit dem Ziel, das Unrechtsbewußtsein als „Wissen des Täters von sich selbst in seiner Konstitution zu anderen"[21] und damit eine dynamisch-dialektische Begründung des Unrechtsbewußtseins[22] zu erkennen. Auszugehen ist dabei von dem Phänomen des individuellen Normverstoßes als Besonderung des individuellen Willens des Subjekts gegen einen in der Rechtsordnung gefaßten und von ihr garantierten Gemeinschaftswillen. Ausgehend von dem Begriff der Person sollen die dabei erheblichen Zusammenhänge konsistent entwickelt und ein intersubjektiv fundierter Begriff des Unrechtsbewußtseins entwickelt werden.

---

[17] z.B. die Ausführungen von Lau, S. 164ff., insbesondere S. 169 - 171.

[18] Vgl. Schmidt-Klügmann, S. 25.

[19] Vgl. Rudolphi, Vermeidbarkeit, S. 40 mit weiteren Nachweisen in Fn. 23.

[20] Vgl. oben A. I.

[21] Schmidt-Klügmann, S. 43.

[22] Vgl. in dieser Richtung bereits Arthur Kaufmann, Parallelwertung, S. 15; Schmidt-Klügmann, S. 74.

1. Person

Dabei wird von einer Betrachtung der Person ausgegangen werden, die, vom Untersuchungszweck bestimmt, auf die Dimension der Person als Rechtsperson beschränkt bleiben muß. In diesem Rahmen wiederum soll die Ableitung der Person und der damit vorausgesetzten Individualität im einzelnen unerörtert bleiben. Ausgegangen wird im Folgenden von der Person als vernünftigem Individuum im Sinne der Fichteschen Rechtsphilosophie. Diese Person ist als zunächst formales Ich, indem es sich seiner und seiner Körperlichkeit, vermittelt durch die Außenwelt, als eines Teils der Welt durch Setzen und Entgegensetzen bewußt geworden ist, zur materialen Person und damit zum endlichen Vernunftwesen[23] geworden[24]. Auf dieses ist das Recht als aus der Vernunft begründete Ordnungsstruktur zu beziehen[25]. Da eine solche rechtliche Ordnung jedoch eine Gemeinschaftsbeziehung voraussetzt, die sie ermöglichen und regeln kann, ist eine Beziehung des Rechts auf die einzelne Person an dieser Stelle noch nicht möglich. Bei der Betrachtung der Person kann aber ein „Urrecht“[26] der Person erkannt werden. Inhalt des Urrechtes ist, „das absolute Recht der Person, in der Sinnenwelt nur Ursache zu seyn (schlechthin nie Bewirktes)“[27]. Ferner umfaßt das Urrecht das „Recht auf die Fortdauer unseres freien Einflusses in die gesamte Sinnenwelt“[28].

Das Urrecht des Menschen beinhaltet also die unbegrenzte Freiheit, mit der damit notwendigerweise verbundenen Integritätsgarantie für den Körper als „Repräsentant des Ich in der Sinnenwelt“[29], wobei diese Freiheit weder dem Umfang noch der Dauer nach begrenzt ist. Dieses Urrecht der Person ist nicht als Recht im eigentlichen Sinn einer Gemeinschaftsbeziehung zu verstehen, was sich bereits wegen des gegenwärtigen Fehlens einer Gemeinschaftsbeziehung bei der Betrachtung der Person verbietet. Der Sinn des „Urrechts“ liegt vielmehr darin, einen Maßstab für das Handeln in Beziehung auf die Person aufzustellen, der zwar als solcher auf das Recht einwirkt, das sich an diesem Maßstab auszurichten hat, der gleichwohl aber vor dem Recht besteht. Daher kann das „Urrecht“, bzw. dessen Inhalt auch nicht als Endziel der Strukturierung einer Gemeinschaft verstanden werden[30], denn dies würde, da das Urrecht, wie bereits ausgeführt, vor allem Recht besteht, die Aufgabe der Gemeinschaft voraussetzen[31].

---

23 Vgl. Zaczyk, S. 19 Fn. 16.

24 Dieser Prozeß wird detailliert gewürdigt von Zaczyk, S. 14ff.; vgl. auch Verzar, S. 11ff.; kritisch Wildt, S. 210ff.

25 Zaczyk, S. 40f.

26 Fichte III, S. 111ff.

27 Ebd., S. 113.

28 Ebd., S. 119.

29 Ebd., S. 114.

30 Vgl. Zaczyk, S. 41.

2. Gemeinschaftlichkeit

Abgesehen von dieser kategorial begründeten Unmöglichkeit, das Urrecht der Person zu realisieren, ergibt sich ein weiterer, praktischer Hinderungsgrund aus der Gemeinschaftlichkeit, in der menschliche Existenz stattfindet[32]. Die Realisierung des Urrechts des einzelnen in der Gemeinschaft hätte notwendig die Aufhebung der Rechte aller anderen Mitglieder der Gemeinschaft zur Folge, da der einzelne stets erste und nur Ursache ohne Begrenzung wäre. Ein anderes Subjekt könnte neben ihm nicht bestehen[33].

a) Wechselseitige Anerkennung im Zwei-Personen-Verhältnis

Sobald ein endliches Vernunftwesen einem anderen begegnet, begrenzt es daher seine ihm urrechtlich bis dahin unbegrenzt zustehende Freiheit[34]. Dies tut das Vernunftwesen, weil es mit dem anderen in einem Rechtsverhältnis steht[35]. Da die Person als Vernunftwesen vernünftig ist und die andere als ebensolches Vernunftwesen erkennt, folgt aus der dementsprechend vernunftbegründeten Rechtsbeziehung eine Einschränkung der subjektiven Freiheit der Person[36], die zunächst lediglich dem Grunde nach bestimmt ist. Gleiches gilt für die andere Person, die als Vernunftwesen ihre Freiheit ebenfalls in dieser Weise zurücknimmt, so daß das Ergebnis eine wechselseitige Beschränkung der Freiheit des Subjekts durch das andere ist[37]. Diese Beschränkung nimmt das Subjekt selbst dadurch vor, daß es dem anderen, das es als ihm gleiches Vernunftwesen erkannt hat, eine Freiheitssphäre einräumt und es dadurch anerkennt[38]. Diese Anerkennungsbeziehung ist allerdings entgegen Fichte nicht wechselseitig bedingt durch die jeweils eigene Anerkennung durch den anderen[39], sondern die Anerkennung ist als solche Wirklichkeitsbedingung der Freiheit in der Gemeinschaft[40]; sie ist dem Begriff der Freiheit, wenn diese Wirklichkeit werden soll, also immanent. Fichte deduziert auf diese Weise den Begriff des Rechtsverhältnisses und den Begriff des Rechtssatzes aus dem Begriff der Person[41].

---

[31] Dieser Gesichtspunkt klingt bereits an bei Fichte III, S. 112.

[32] Fichte III, S. 30, 39: „. . . sollen überhaupt Menschen seyn, so müssen mehrere seyn."; Zaczyk, S. 50.

[33] Vgl. Fichte III, S. 121; Zaczyk, S. 46; Batscha, S. 153f.

[34] Fichte III, S. 122.

[35] Ebd., S. 41.

[36] Ebd., S. 52.

[37] Vgl. auch Schöpf, S. 27f.

[38] Diese Erkenntnis findet sich auch bei Welzel, Rechtsgeltung, S. 30, der statt von Anerkennen von Respektieren spricht, sachlich aber dasselbe sagt.

[39] Fichte III, S. 44, 123.

[40] Zaczyk, S. 46; in diesem Sinne auch Hunter, S. 101f.

[41] Fichte III, S. 52.

Diese solchermaßen dem Grunde nach bestimmte Beschränkung der subjektiven Freiheit muß, um vollzogen werden zu können, quantifiziert werden[42]. Die Quantifizierung findet statt in der Endlichkeit, da erst der Umgang mit anderen dem Subjekt die Erkenntnis des Anerkanntwerdens ermöglicht. Die Anerkennung vollzieht sich damit in der dem gefundenen Maßstab gemäßen Interaktion der Subjekte, die sich darin wechselseitig bestimmen[43]. Das Subjekt erlebt die Einräumung, bzw. Respektierung von eigener Entfaltungssphäre und erfährt so Anerkennung. Die Endlichkeit ist damit konstituierendes Moment der Anerkennung[44].

Im Zuge der anthropologischen Entwicklung wird dieses wechselseitige Anerkennungsverhältnis zunächst hauptsächlich körperlich erfahren und im Mutter-Kind-Verhältnis im Wege vegetativer Interaktion vermittelt. Mit zunehmender Differenziertheit der Persönlichkeit findet die Interaktion auf der Ebene des Bewußtseins statt und kann reflektiert werden. Ebenso erweitern sich die Inhalte der Interaktion, indem neben die wechselseitige Anerkennung der Körperintegrität[45] die Zuordnung von Objekten und die Einräumung ausschließlicher Verfügungszuständigkeit tritt[46].

Diese grundlegende Struktur der Intersubjektivität ist im Rahmen seiner Fichte-Rezeption im Grundsatz auch von Hegel übernommen worden[47]. Zwar hat er die Fichteschen Erkenntnisse in mancherlei Hinsicht relativiert und einiges verändert, die im hier gegebenen Zusammenhang interessierenden Verhältnisse sind jedoch erhalten geblieben[48]. Diese sind als Prinzip auch keineswegs von lediglich historischem Interesse, sondern bereits verschiedentlich zur heutigen Zeit in Beziehung gesetzt[49] und zum Teil auch schon, wenn auch nicht mit der hier dargelegten Ableitung, für rechtliche Zusammenhänge fruchtbar gemacht worden[50]. Zwar ist im täglichen Leben erfahrbar, daß die hier dargelegten auf Anerkennung aufbauenden Verhältnisse nur zum Teil Wirklichkeit sind, diese Faktizität kann jedoch nicht als Einwand gegen das entwickelte Verständnis der Intersubjektivität angeführt werden. Die davon abweichenden Verhältnisse bestätigen vielmehr deren Richtigkeit, weil die Verletzung des Anspruchs der Rechtsperson erst durch die reflektierte oder

---

42 Vgl. Verzar, S. 28.

43 Zaczyk, S. 48.

44 Ebd., S. 29.

45 Fichte III, S. 124; Zaczyk, S. 47.

46 Fichte III, S. 124, 129, Zaczyk, S. 47.

47 Seelmann, JuS 1979, S. 691.

48 Vgl. in diesem Sinne auch Siep, S. 27, 233; Göhler, S. 219; Wolff, ZStW 97 (1985), S. 811, Fn. 62.

49 Vgl. Verzar, S. 1; Siep, 276f.; dieser wird zwar von Göhler, S. 223 kritisiert, im hier interessierenden Zusammenhang stimmt er jedoch mit Siep überein.

50 Vgl. Schmidt-Klügmann, S. 74.

unreflektierte Anwendung der hier ausgeführten Erkenntnisse verstanden werden kann[51].

Nach den bisher gewonnenen Erkenntnissen ist die Anerkennung im Zwei-Personen-Verhältnis abhängig vom je subjektiven Willen. Bei Berührung der Interessensphären findet eine Einigung im Wege der Selbstbeschränkung als Ausdruck der Vernünftigkeit der Subjekte statt. Da praktisch aber nicht von der Vernünftigkeit aller Subjekte ausgegangen werden kann, muß bedacht werden, wie Konfliktfälle zu strukturieren und zu lösen sind, die nicht von den Beteiligten im Wege der Anerkennung durch wechselseitige Beschränkung gelöst werden können. Fichte faßt diese Situation so: „Wenn Einer dem Anderen sagt: thue das nicht, es stört meine Freiheit; warum sollte der Andere ihm nicht antworten: und es stört die meinige, es zu unterlassen[52]?" Bei dieser Lage entsteht zwischen den Beteiligten ein faktisches Verhältnis der Auseinandersetzung um Gegenstände der Außenwelt[53]. In dieser Situation begreift sich der jeweils Handelnde nur als Ursache einer Veränderung. Auch dessen Gegenüber sieht den Handelnden in dieser Weise[54]. Diese Sichtweise ist Ursache für die Unmöglichkeit der Konfliktbewältigung im Wege der Anerkennung. Dafür wiederum ist ursächlich, daß die Beteiligten sich hinsichtlich des Konfliktgegenstands als ungleich betrachten, da jeder, auf seinem Standpunkt beharrend, eine Aufhebung der Interessen vereitelt.

Um diese naheliegende Entwicklung intersubjektiver Interaktion zu strukturieren und zu einer Lösung zu gelangen, ist es erforderlich, die oben dargelegte Ableitung des Rechtsverhältnisses im Fichteschen und Hegelschen Sinne hinsichtlich der Erkenntnis der Gleichheit der Beteiligten genauer zu betrachten: Hierbei ist zunächst festzustellen, daß den Beteiligten eine Lösung des Konfliktes nur über einen Ausweg aus der stagnierenden Situation des wechselseitigen Beharrens möglich ist, der es ihnen ermöglicht, sich wieder als Gleiche zu erkennen. Dieses ist nach dem oben ausgeführten Stand der Betrachtung jedoch nicht möglich. Daher bedarf die Begründung der Erkenntnis des Anderen als gleich eingehender Betrachtung, da die Möglichkeit zur Konfliktlösung in der Intersubjektivität mit angelegt sein muß und nicht erst im Konfliktfall entwickelt werden kann[55].

b) Beteiligung des Dritten an der Begründung der Intersubjektivität

In der oben ausgeführten Ableitung der Intersubjektivität war die Gleichheitserkenntnis vorausgesetzt. Wie sich inzwischen gezeigt hat, kann dies

[51] Zaczyk, S. 49.
[52] Fichte III, S. 121.
[53] Schmidt-Klügmann, S. 69f.
[54] Ebd., S. 70; Fichte III, S. 49.
[55] Vgl. Zaczyk, S. 64.

jedoch nicht ohne weiteres getan werden. Für die angezeigte nähere Betrachtung des Gleichheitsschlusses soll das Denken Sartres fruchtbar gemacht werden, der den interessierenden Zusammenhang eingehender behandelt.

Zur Behebung der Konfliktlage ergibt sich für die Beteiligten das erste Erfordernis, sich selbst als Person zu sehen. Diese Selbstbetrachtung erfordert eine Objektivierung der Subjektivität. Dieses zu leisten, ist das Subjekt jedoch, wenn nicht schon aufgrund seiner Subjektsqualität so jedenfalls durch die Konfliktsituation gehindert, in der es sich befindet. Das Subjekt ist nicht in der Lage, diese vor sich hinzustellen, „um sie als neutraler Beobachter anzusehen“[56]. Ferner setzt die Leistung des Gleichheitsschlusses über die soeben behandelte Objektivierung der Subjektivität ein Element der Solidarisierung mit dem anderen voraus[57]. Die Konfliktsituation, die es hier aufzulösen gilt, steht diesem Solidarisierungserfordernis mit noch größerer Deutlichkeit entgegen als dem Objektivierungserfordernis. Diese Erkenntnisse erklären, weshalb es den Beteiligten im Zwei-Personen-Verhältnis unmöglich ist, den Gleichheitsschluß zu leisten. Als Konsequenz daraus ergibt sich die Notwendigkeit, einen Dritten hinzuzudenken, der die Beteiligten in ihrer Situation beobachtet[58].

Aus der Sicht dieses Dritten stellen sich die Beteiligten als Objekte dar. Die Situation, in der sich die Beteiligten befinden, erhält dadurch eine Außenseite, daß sich die Beteiligten aus der von ihnen vorgestellten Perspektive des Dritten als integrierender Bestandteil des „Sie“ übernehmen. Zugleich rücken die Subjekte durch diese Einsicht zum Objekt-Wir zusammen. Dadurch wird den Subjekten die ihnen bis dahin verschlossene Möglichkeit zur Objektivierung und Solidarisierung eröffnet. Durch Loslösung aus dem Objekt-Wir können sich die Beteiligten danach wieder als Person bestimmen, wobei dieser Bestimmung nunmehr die Gleichheitskenntnis immanent ist. In der hier ausgeführten Funktion ist der Dritte damit als integrierender Bestandteil der Intersubjektivität in jedem Konflikt zwischen Subjekten anwesend. Das in seinem Willen betroffene Gegenüber des Subjekts, der Zweite in diesem Sinne, ermöglicht durch seinen Willen, der über den Dritten dem Handelnden vermittelt wird, diesem die Selbstbestimmung. Auf diese Weise ist die bezeichnete Unklarheit in bezug auf die Begründung der Intersubjektivität beseitigt und diese entwickelte Form der Gemeinschaftlichkeit, die, obwohl in der Fichteschen Philosophie angelegt[59], in dieser aber noch nicht ausgeführt wurde, in die Analyse integriert.

---

[56] Schmidt-Klügmann, S. 70; der Gedanke findet sich bereits bei Simmel, Soziologie, S. 81ff.; Sartre hat ihn im Rahmen seiner Philosophie übernommen und reformuliert, vgl. Sartre, S. 363; Theunissen, S. 194f.; Litt, S. 45ff.

[57] Vgl. Theunissen, S. 80f., 139f.; der diesen Gesichtspunkt im Rückgriff auf Husserl veranschaulicht.

[58] Vgl. Schmidt-Klügmann, S. 71; Simmel, Soziologie, S. 96ff.

[59] Zaczyk, S. 130.

3. Vermittlung von Anerkennungsverhältnissen in und durch Intersubjektivität

In der soeben dargestellten Intersubjektivität erschließt sich dem Subjekt der Wille des Zweiten über den Dritten. Die Relevanz des Dritten für die Intersubjektivität liegt dabei insbesondere darin, daß er dem Handelnden die Erkenntnis vermittelt, daß er, der Dritte, seinerseits den Willen des Zweiten anerkennt. Derart vermittelt der Dritte dem Handelnden ein Anerkennungsverhältnis, das in der heutigen Strafrechtswissenschaft gewöhnlich als „Wert" oder „Rechtsgut" bezeichnet wird, ohne daß in diesen Bezeichnungen der interpersonale Bezug des Bezeichneten zum Ausdruck kommt[60].

Auf diese Weise läßt sich etwa die Erkenntnis des Eigentums ausführen: Im Konflikt zwischen zwei Personen um eine Sache kann der jeweils andere dem Gegenüber lediglich seinen Besitzwillen vermitteln. Die davon unabhängige Eigentumsbeziehung zu der Sache, die in der normativen Zuordnung der Sache zu einer bestimmten Person besteht, kann nur durch den Dritten bestimmt werden. Durch dessen Anerkennung des Besitzwillens eines der Beteiligten wird dem anderen bewußt, daß er mit seinem Handlungsprojekt fremdes Eigentum verletzen würde[61]. Durch diese drittvermittelte Werterkenntnis wird dem Handelnden diese Erkenntnis dann auch in solchen Situationen ermöglicht, in denen der andere (der zweite) nicht körperlich anwesend ist, um seinen Willen selbst zum Ausdruck zu bringen[62]. Solchermaßen verschafft die Anerkennung des Willens des Zweiten durch den Dritten diesem Willen etwas Absolutes und Allgemeines. Der einzelne erkennt in der Vermittlung durch den Dritten, daß das Anerkennungsverhältnis von seinem Willen unabhängig besteht.

4. Zwangsrecht

Die so beschriebene Erkenntnis des Anerkennungsverhältnisses impliziert die Möglichkeit des Subjekts, nicht dieser Erkenntnis gemäß zu handeln, sich also über die durch den Dritten vermittelte Anerkennung des anderen hinwegzusetzen. Das Recht kann aber nicht von der Willkür abhängen. Es wäre dann selbst Willkür und nicht mehr Recht. Eine als Unrecht erfahrbare Veränderung in der Außenwelt könnte ihre Faktizität gegen das vernunftbegründete Recht setzen und die Vernunft dadurch ausschließen. Es muß also eine Möglichkeit bestehen, das Recht zu wahren und Verstöße zu revidieren[63]. Diese

[60] Vgl. die Darstellung bei Wolff, ZStW 97 (1985), S. 813f. Neben dem Anerkennungsverhältnis als intersubjektives Verhältnis wird der Begriff Anerkennungsverhältnis hier auch für konkrete Ausprägungen dieses Interpersonalverhältnisses verwendet.

[61] Vgl. Schmidt-Klügmann, S. 34ff.

[62] Vgl. ebd., S. 72 Fn. 49.

[63] Vgl. Zaczyk, S. 64.

Möglichkeit ist nach Fichte durch das Zwangsrecht eröffnet: Jedes Subjekt muß in dem in der Zeit fortschreitenden Rechtsverhältnis seine Vernünftigkeit immer wieder nach außen erkennbar in seinen Handlungen bestätigen[64]. Es genügt nicht, daß es sich einmal vernünftig verhalten hat. Mit einem vernunftwidrigen Verhalten, mit dem der Handelnde sein Verhalten nicht mehr an der Freiheit der anderen ausrichtet, erscheint er als bloßes Sinnenwesen. Dadurch muß er es sich gefallen lassen, als solches behandelt und gezwungen zu werden[65].

Genaue Betrachtung verdient in diesem Zusammenhang jedoch die Ableitung des Zwangsrechts. Diese ist zunächst deshalb von Erheblichkeit, um die systematische Stringenz sicherzustellen. Darüber hinaus ist eine eingehende Begründung des Zwangsrechts aber auch und insbesondere deshalb erforderlich, weil das Zwangsrecht und dessen Anwendung seinerseits mit dem Risiko der Vernunftwidrigkeit belastet ist[66]. Eine stringente Ableitung ist geeignet, diesen Risiken entgegenzuwirken und Grundlage für eine notwendige sinnvolle Begrenzung des Zwangsrechts.

Die klassische Ableitung des Zwangsrechts findet sich bei Kant: ein Hindernis der Freiheit erforderlichenfalls gewaltsam zu beseitigen sei selbst Beförderung der Freiheit und damit Recht[67]. Dieser Ansatz an der Verletzung kann im hier erörterten Zusammenhang zur Begründung des Zwangsrechts aber nicht ausreichen, da dabei der Handelnde als Person keine Berücksichtigung findet[68]. Auch das Zwangsrecht als Teil des Rechts muß aber vom Begriff der Person, nicht vom Begriff des Rechts oder noch vermittelter vom Begriff der Negation des Rechts abgeleitet sein. Abgesehen davon, daß eine derartige Ableitung sich in die Gefahr begäbe, zirkulär zu werden, kann nur mit einer Ableitung des Zwangsrechts, die der Intersubjektivität und damit der Vernünftigkeit des Rechts Rechnung trägt, die Vernünftigkeit des Zwangsrechts begründet werden.

Daher kann das Zwangsrecht auch nicht aus dem Rechtsverhältnis zu dem Handelnden begründet werden, da das Rechtsverhältnis mit ihm durch sein unvernünftiges Verhalten zerstört ist[69]. Die Begründung des Zwangsrechts muß vielmehr aus einem dem Rechtsverhältnis im Fichteschen Sinne vorgängigen Grundverhältnis der Vernunft erfolgen. Dieses Grundverhältnis ergibt sich aus der Erkenntnis des unvernünftigen Verhaltens des Handelnden und aus der Beziehung dieses vernunftwidrigen Verhaltens auf seine Person. Der Handelnde erscheint damit trotz seines konkret unvernünftigen Verhaltens als

---

64 Ebd., S. 65f., 81.

65 Zaczyk, S. 65; Fichte III, S. 49.

66 Fichte III, S. 148; vgl. auch Verweyen, S. 124ff.; Hahn, S. 103.

67 Kant § D, S. 338f.

68 Vgl. Zaczyk, S. 71.

69 Vgl. Zaczyk, S. 65ff.

ein im Grundsatz Vernünftiger[70]. Auch die Anwendung des Zwangsrechts hat damit ihre Grundlage in der Vernunft und ist vernünftiges Verhalten.

Unabhängig von diesem Grundverhältnis muß aber auch das Rechtsverhältnis wiederhergestellt werden, das der Handelnde durch sein unvernünftiges Verhalten zerstört hat. Dieser Wiederherstellung steht jedoch in der derzeitigen Lage die Ungewißheit des Behandelten entgegen, der nicht wissen kann, ob, und bejahendenfalls wann sich der andere wieder vernünftig verhalten werde. Wenn er nur die Möglichkeit sieht, daß sich der andere erneut vernunftwidrig verhalten könnte, muß er diesen als präsumtiv unvernünftig behandeln[71].

Einen Ausweg aus dieser stagnierenden Situation schafft hier erneut der Dritte. Die Beteiligten übertragen das ihnen zukommende Zwangsrecht auf ihn. Dadurch wird dieser Dritte im Verhältnis zu ihnen übermächtig und ist in der Lage, unabhängig vom Willen der Beteiligten deren Freiheitssphären für die Zukunft zu garantieren. Durch diese Übertragung wird die Gemeinschaft für die Zukunft wieder ermöglicht und insgesamt stabilisiert, denn die aus den Befürchtungen des Behandelten resultierende Labilität ist in der garantierenden Übermächtigkeit des Dritten aufgehoben[72]. Auf diese Weise entsteht in der Figur des Dritten der Staat[73].

5. Staat

Indem der Staat das Zwangsrecht verwaltet und durch seine Übermächtigkeit die individuellen Sphären garantiert, schafft er eine Basis für die Gemeinschaftlichkeit. Im Staat und durch den Staat bildet sich ein allgemeiner Wille, in dem die je einzelnen Willen der Subjekte als Staatsbürger aufgehoben sind[74]. So wie der einzelne den Fortbestand seiner Freiheitssphäre durch den Staat garantiert und andere von der Einwirkung auf diese Freiheitssphäre ausgeschlossen wissen will, so erkennt er seinerseits die Freiheitssphären der anderen an und verspricht, diese zu respektieren[75]. Hier steht die Garantie der Freiheitssphären also unter der Bedingung der wechselseitigen Respektierung dieser Sphären[76]. Um Wirksamkeit zu erlangen, muß der beschriebene allge-

---

[70] Zaczyk, S. 70f.; die Notwendigkeit dieser Ergänzung der Lehre Fichtes hat Zaczyk überzeugend begründet. Eine weitere Bestätigung findet sich in den Ausführungen Fichtes zum Staatsbegriff und zum Abbüßungsvertrag, III, S. 272; vgl. hierzu auch Verweyen, S. 128f.

[71] Fichte III, S. 98, 138f.; vgl. auch Zaczyk, S. 72, 82.

[72] Vgl. Zaczyk, S. 72.

[73] Vgl. zur Begründung des Staates auch Fichte III, S. 97ff.; Verweyen, S. 100f.; Wolff, ZStW 97 (1985), S. 817f.

[74] Vgl. Fichte, X, S. 500.

[75] Fichte III, S. 152f.

[76] Vgl. Hahn, S. 103.

meine Wille erkennbar festgesetzt werden. Durch eine solche äußernde Festsetzung wird der allgemeine Wille Gesetz, das Verbindlichkeit für alle entfaltet[77].

Zur Legitimation dieses die Freiheitssphären garantierenden allgemeinen Willens (Gesetzes) ist indessen eine Willensübereinstimmung aller erforderlich[78]. Diese Willensübereinstimmung liegt darin, daß der einzelne in Kenntnis der Ordnung im Staate seinen Sitz nimmt, bzw. behält. Damit anerkennt er schlüssig die Ordnung, die im allgemeinen Willen (Gesetz) zum Ausdruck kommt und hat so selbst teil an diesem[79]. Da diese Akzeptanz des einzelnen zeitlich unbegrenzt und unwiderruflich geschieht[80], liegt in der Besonderung des einzelnen gegen den allgemeinen Willen (Gesetzesverletzung) ein Selbstwiderspruch. Die Negation des allgemeinen Willens kollidiert mit der ursprünglich unbegrenzt versprochenen Übereinstimmung.

Die Bildung des allgemeinen Willens bezieht sich dem Inhalt nach in der beschriebenen Weise sowohl auf die Zuweisung der Freiheitssphären und deren Begrenzung als auch auf die Konstituierung von gemeinschaftlichen Reaktionen auf eine Verletzung dieser Sphären. Damit umfaßt die Gesetzgebung nach diesem Stand sowohl die bürgerliche als auch die Strafgesetzgebung[81]. Unter Gesetzgebung wird in diesem Sinne und im folgenden nur die auf dem hier ausgeführten materiellen Begründungszusammenhang basierende Gesetzgebung verstanden. In diesem Sinne nicht begründete Positivierungen, wie z. B. die Unrechtsgesetze des NS-Regimes, sind davon nicht erfaßt.

6. Strafgesetz

Die Strafgesetzgebung ist Ausdruck der von der Gemeinschaft übernommenen Verpflichtung, die individuellen Freiheitssphären zu garantieren.

a) Beschränkung auf den Bereich des Rechts

Mit Strafe bedroht werden dürfen aber nur die Verletzungen solcher Anerkennungsverhältnisse, denen eine Bedeutung für die äußere Freiheit des Subjektes zukommt. Dies ist dann der Fall, wenn eine Verletzung die äußere Freiheitssphäre des Subjekts in einer Weise betreffen würde, die eine Verallgemeinerung ausschließt. Demgegenüber können solche Anerkennungsverhält-

[77] Fichte III, S. 153.

[78] Fichte III, S. 152.

[79] Vgl. Batscha, S. 158f.; Hahn, S. 101; zu den Grundlagen dieser Anerkennungstheorie, die hier im einzelnen nicht diskutiert werden kann, sondern vorausgesetzt werden muß, vgl. im einzelnen Welzel, Rechtsgeltung, S. 15ff.; M. Weber, S. 470; A. Merkel, S. 590.

[80] Fichte, X, S. 606; Verweyen, S. 128.

[81] Fichte III, S. 153.

nisse, die lediglich die innere Freiheit des Subjekts berühren, ohne damit die Möglichkeit einer Gemeinschaft im Falle der Verallgemeinerung in Frage zu stellen, nicht mit strafrechtlichen Mitteln geschützt werden. Ein solches Strafgesetz wäre unrechtlich, da es nicht widerspruchsfrei durch das auf die Allgemeinheit übertragene Zwangsrecht des einzelnen legitimiert wäre. Denn die Übertragung des Zwangsrechts geschieht zu dem Zweck, „daß mehrere freie Wesen in einer gemeinschaftlichen, die Wirksamkeit Aller fortpflanzenden Sphäre stehen" können[82]. Zweck des Rechts ist damit die Gewährleistung einer formalen Freiheitssphäre der Individuen[83]. Zweck des Rechts ist nicht die Gewährleistung sittlich-moralischer Anerkennungsverhältnisse oder die Erziehung der Gemeinschaft zur Moralität[84]. In der so umschriebenen Funktion ist das Strafrecht allerdings gleichwohl nicht allein Mittel zu kriminalpolitischen Zwecken[85] und damit nicht unter Berufung auf Strafwürdigkeits- oder Strafbedürftigkeitserwägungen relativierbar.

b) Beschränkung im Bereich des Rechts

Mit Strafe bedroht werden dürfen nicht alle rechtswidrigen Behandlungsweisen eines anderen oder der Gemeinschaft insgesamt, sondern nur solche Mißachtungen eines Anerkennungsverhältnisses, in denen der Behandelte als Vernunftwesen mißachtet wird[86]. Dieses Element unterscheidet strafwürdiges Unrecht vom nur zivilrechtlich zu behandelnden Unrecht, in dem der Behandelte als Vernunftwesen anerkannt bleibt, seine Vernünftigkeit in der zivilrechtlichen Erledigung des Unrechts gerade ihre Bestätigung findet (z.B. durch Schadensersatzleistungen)[87]. Damit bezieht sich die vom einzelnen erklärte Zustimmung zum allgemeinen Willen auch auf die Verhängung von Strafen. Daraus ergibt sich für den Fall der Verletzung einer Strafnorm neben und zugleich auch aus der Feststellung eines Selbstwiderspruchs, in den sich der Verletzer begibt, die Zustimmung dazu, daß deswegen eine Strafe gegen ihn verhängt werde.

---

[82] Fichte, X, S. 500.

[83] Vgl. Verweyen, S. 263f.; Kühl, GA 1977, S. 361, 363; Geismann, S. 81f.; anschaulich Wolff, ZStW 97 (1985), S. 818; vgl. auch Sax, Grundrechte, S. 923ff.

[84] Dies wird fundiert deutlich gemacht von Köhler, GA, 1987, S. 156; im Ergebnis auch Amelung, S. 318ff.; Rudolphi, FS Honig, S. 159ff.; Roxin, JuS 1966, S. 381; vgl. auch Hanack, A 26ff. m.w.N.; Pfeiffer, S. 103ff.; dagegen Bockelmann/Volk, S. 10f.; BVerfGE 6, 389 (434) dazu kritisch Amelung, S. 315ff. Bereits aus diesen Erwägungen heraus waren die Entscheidungen der älteren Rechtsprechung zur Verlobtenkuppelei unrechtlich.

[85] Vgl. dazu Bockelmann, Ged. Schr. f. Radbruch, S. 257 Anm. 22.

[86] Vgl. Wolff, S. 819.

[87] Vgl. Zaczyk, S. 103; hier kann nicht auf die Frage eingegangen werden, wie der Bereich des strafwürdigen Unrechts vom nur zivilrechtlichen abzugrenzen ist. Diese Frage ist weitgehend am einzelnen Fall zu klären. Grundlegend dazu Köhler, Fahrlässigkeit.

Die Verhängung dieser Strafe verfolgt den Zweck, den Täter zum Leben in der Gemeinschaft wieder zu befähigen, nachdem er sich durch Setzen ins Unrecht als dazu unfähig erwiesen hat. Dies geschieht dadurch, daß der Täter für die Gemeinschaft als Rechtssubjekt wiederhergestellt wird und sich in diesem Sinne auch als (wieder) Anzuerkennender weiß[88]. Diese Wiederherstellung tritt ein durch eine Leistung des Täters, durch die Abbüßung der Strafe[89].

c) Relativität und Absolutheit des allgemeinen Willens im Strafgesetz

Dem allgemeinen Willen in der erkannten Form ist ein relatives und ein absolutes Moment zu eigen, das für seine Analyse von Bedeutung ist und deshalb am Beispiel des hier interessierenden Strafgesetzes betrachtet werden soll.

Das Unterscheidungsmerkmal für die Abgrenzung des strafwürdigen vom nicht strafwürdigen und ausschließlich zivilrechtlich zu verarbeitenden Unrecht, die Mißachtung des Behandelten als Vernunftwesen[90], erlaubt keine scharfe Abgrenzung. Eine solche ist, obwohl wünschenswert, deshalb ausgeschlossen, weil es Gegenstand individueller Wertung ist, sich durch eine Art der Behandlung als Vernunftwesen mißachtet zu fühlen. Im Wege intersubjektiver Interaktion wird in der Gemeinschaft, teils verletzungserfahrungsbegründet, teils durch Antizipation des konkreten Mißachtungsverhaltens der Umfang strafwürdigen Verhaltens bestimmt. Dieser hängt von seinen historischen Bestimmungsfaktoren kultureller und soziologischer Natur und damit von der Struktur der jeweiligen Gemeinschaft ab[91]. Diese Faktoren sind nicht objektivierbar, da sie, auf die Subjekte der Gemeinschaft bezogen, notwendig subjektiv sind. Daher ist auch der Umfang und Inhalt des Strafgesetzes im hier erkannten Zusammenhang nicht erschließbar[92].

Festzuhalten ist an dieser Stelle der Wert der erkannten Struktur des Strafgesetzes, ein Zusammenleben in möglichster individueller Freiheit zu ermöglichen. Deutlich wird aber auch, daß wegen der Abhängigkeit des allgemeinen Willens vom Willen der beteiligten Subjekte und seiner darauf beruhenden relativen Subjektivität dieser allgemeine Wille in und aufgrund seiner Abhängigkeit wandelbar ist, ohne Wandlungen unterworfen zu sein. Diese Überlegung ist zu vertiefen:

---

[88] Vgl. Fichte III, S. 261; Zaczyk, S. 127.

[89] Vgl. detailliert dazu Köhler, Begriff, insbesondere S. 44ff.; ders., GA 1987, S. 156; Wolff, S. 820ff.; Zaczyk, S. 127f.

[90] Vgl. oben b).

[91] Vgl. Geismann, S. 60, 83; Volkmann-Schluck, S. 102.

[92] Vgl. auch Zaczyk, S. 76, Köhler, Zusammenhang, S. 35, zu diesen Zusammenhängen grundlegend Montesquieu, Bd. XII, 5, S. 435f.; Bd. I, S. 234; vgl. auch Hegel, S. 35f.

aa) Relativität des allgemeinen Willens im Strafgesetz

Wegen der dem Subjekt eigenen Wandelbarkeit, die sowohl in der Reaktion auf Veränderung als auch in der veränderten Haltung zu Unverändertem erscheint, ist der allgemeine Wille im Strafgesetz als Produkt der Veränderung notwendigerweise ebenso wandelbar. Daher ist es möglich, daß eine Veränderung von Lebensbedingungen in der Gemeinschaft im individuellen Willen eine strafgesetzlich relevante Reaktion auf diese entstehen läßt. So kann es dazu kommen, daß bestimmte Verhaltensweisen im Laufe der Zeit entgegen bisheriger Einschätzung als nunmehr strafwürdig, bzw. als nicht mehr strafwürdig empfunden werden. Es entstehen als neue Konkretionen von Strafwürdigkeit neue Normen, bzw. vorhandene Normen werden obsolet. Durch derartige Veränderungen wandelt sich der allgemeine Wille unmittelbar und konkretisiert sich neu, ohne jedoch von irgendwelchen Faktoren unmittelbar abzuhängen, außer von dem Willen der an der Bildung des allgemeinen Willens beteiligten Subjekte.

Bei einer solchen Veränderung kann es jedoch zunächst zu einem Bruch im Staatsgefüge kommen, der aus der Ambivalenz des Staates resultiert: Einerseits ist der Staat in abstracto die Aufhebung der einzelnen in einen allgemeinen Willen und mit diesem allgemeinen Willen Recht[93], andererseits bedarf dieses Recht zu seiner Anwendung und Konkretisierung einer Macht, die ebenfalls dem Staat zukommt[94]. Diese Macht ist jedoch ihrerseits vom allgemeinen Willen abgeleitet, so daß dem Staat im erstgenannten Sinne des allgemeinen Willens der Vorrang vor der ihn ausführenden Macht zusteht[95]. In dem Falle, daß diese Elemente des Staatsbegriffes divergieren, ist die ausführende Macht demnach gehalten, den allgemeinen Willen zu respektieren. Dies geschieht durch Normänderungen im oben beschriebenen Sinn. Dabei ist eine Änderung im Bereich positivierter Normen durch Einfügen neuer Normen bzw. Aufhebung obsoleter Normen wegen der offenen Beteiligung der Allgemeinheit am Änderungsprozeß einfacher als die Änderung von in der Auslegung solcher Normen zum Ausdruck kommender Normen, da diese nicht abstrakt und allgemein im Sinne einer Gesetzgebungsinitiative debattiert werden, sondern nur am konkreten Einzelfall verändert werden können.

Dieses Element der Wandelbarkeit ist in Fichtes Rechtsphilosophie nicht gegenwärtig[96], obwohl es im System mit angelegt ist. Fichte kennt für den Fall der Divergenz lediglich die Lösung durch Revolution des allgemeinen Willens gegen die nicht mehr legitimierte ausführende, oder: gerade nicht mehr ausführende Macht; sobald die ausführende Macht jedoch nicht mehr den allge-

---

93 Vgl. oben 5.

94 Hahn, S. 103.

95 Vgl. Fichte III, S. 177ff.

96 Vgl. Zaczyk, S. 76.

meinen Willen auszuführen und sich diesem anzupassen gewillt ist, ist der Staat in seiner Funktion gestört, so daß die unrechtliche Macht beseitigt[97] und ein neuer Staat gegründet werden muß. Dies aber ist etwas qualitativ anderes als die hier erörterte Wandlung.

Aus diesen Überlegungen ergibt sich die nähere Konkretion der Zustimmung des einzelnen zum allgemeinen Willen: Dessen Akzeptanz war zwar als zeitlich unbegrenzt und unwiderruflich bestimmt worden[98], diese Bestimmung steht der eben erkannten Wandelbarkeit des Strafgesetzes aber nur scheinbar entgegen, denn die Akzeptanz des allgemeinen Willens bezieht sich auf den allgemeinen Willen in seiner jeweils gültigen Form. Dies hat seinen Grund darin, daß von der Zustimmung des einzelnen das Strafgesetz in seiner Funktion als Garant eines Zusammenlebens in Freiheit umfaßt ist, diese Funktion aber, wie eben dargelegt, die Wandelbarkeit des Strafgesetzes impliziert. Die Zustimmung des einzelnen bezieht sich daher auf den Inhalt des Strafgesetzes in seiner zum status quo vorliegenden Form als nach allgemeinem Willen angemessene Freiheitsgarantie und auf diese Funktion. Auf diese Funktion, nicht auf den inhaltlichen status quo ist die zeitliche Unbegrenztheit und Unwiderruflichkeit der Zustimmung bezogen.

Damit sind die Relativität des allgemeinen Willens im Strafgesetz zu den historischen Faktoren seiner Bildung und die Grundlage seiner Wandelbarkeit erkannt.

bb) Absolutheit des allgemeinen Willens im Strafgesetz

In seiner Funktion als Garant eines Zusammenlebens in Freiheit ist das Strafgesetz dagegen absolut. Der Staat ist im soeben ausgeführten Sinne als Träger des Zwangsrechts und auch des Strafgesetzes übermächtiger Dritter[99]. Die dem Staat im Strafgesetz verliehene Macht wirkt einerseits als Schutz des Subjekts, dem dadurch der Fortbestand seiner Freiheit garantiert wird, andererseits wirkt die Strafdrohung jedoch akut freiheitsmindernd. Diese einschränkende Wirkung entfaltet das Strafgesetz sowohl durch die abstrakte Androhung von strafrechtlichen Rechtsfolgen für bestimmte Verhaltensweisen als auch durch seinen Vollzug im Falle der Verletzung des Strafgesetzes und der demgemäßen Konkretisierung einer solchen Rechtsfolge gegen den Täter. In beiden Richtungen wirkt die Absolutheit des Strafgesetzes. Seine absolute Wirkung ist dadurch einerseits eine den Staat berechtigende, andererseits eine den Staat verpflichtende:

---

97 Fichte III, S. 182ff.

98 Vgl. oben 5.

99 Vgl. ebd.

(1) Berechtigende Wirkung

Die den Staat berechtigende absolute Wirkung basiert auf der Zustimmung des Subjekts zur Begründung des Strafgesetzes. Durch die momentane Zustimmung sowohl zum inhaltlichen status quo als auch durch die dauernde zum Strafgesetz in seiner Funktion ist dessen Geltung nicht von der Anerkennung durch den einzelnen abhängig. Das Strafgesetz ist sowohl was die abstrakte Androhung als auch was die konkrete Verhängung einer Strafe angeht, vom subjektiven Willen absolut.

(2) Verpflichtende Wirkung

Die Absolutheit des Strafgesetzes entfaltet Wirksamkeit aber auch als Verpflichtung des Staates. Dieser hat das Strafgesetz als Grenze des Strafanspruchs zu respektieren. Nur wegen solcher Verhaltensweisen kann demgemäß eine Strafe verhängt werden, die in einem gültigen Strafgesetz bestimmt als strafbar waren.

(a) Gültigkeitserfordernis

Dies ergibt sich aus dem Wesen des Gesetzes als Ausgleichsregelung. Diese beruht auf einer abstrakten Antizipation von Verletzungstypizität durch den Gesetzgeber. Dieser Beurteilung liegt die Struktur des Anerkennens unter wechselseitiger Beschränkung zugrunde.

(aa) Ableitung des Gesetzes aus der Interpersonalität

Daraus folgt, daß das Gesetz diese Struktur auf abstrakter Ebene gleichfalls aufweisen muß. Diese Qualifikation des Gesetzes ist in der Fichteschen Rechtsphilosophie zwar impliziert, von ihm aber nicht ausgeführt, sondern vorausgesetzt worden.

Zur Veranschaulichung soll auf die Ausführungen Kants zum kategorischen Imperativ zurückgegriffen werden, und zwar in der Form des Satzes: „Handle so, daß dein Wille durch seine Maxime sich selbst zugleich als allgemein gesetzgebend betrachten könne[100]." Diese kantische Formel kann als Konstruktionsanweisung zur Herstellung eines vernünftigen Gesetzes verstanden werden[101], in dem der durch das Gesetz ausgeübte Zwang unter Behandlung

[100] So hat Paton, S. 152 den Kantischen Satz: „. . . ein schlechterdings guter Wille ist derjenige, dessen Maxime jederzeit sich selbst, als allgemeines Gesetz betrachtet, in sich enthalten kann; . . ." (Kant, IV, 82) umformuliert.

[101] Vgl. Dulckeit, S. 20; Kühl, GA 1977, S. 360f.

aller Personen als vernünftig und damit als Zweck an sich selbst auf diese Personen selbst zurückgeführt[102] und deren Willkür vereinigt ist. Die Formel beschränkt den Gebrauch individueller Freiheit auf die Bedingungen der Allgemeinheit, Gleichheit und Wechselseitigkeit[103].

Aus diesem Allgemeinheitsmoment ergibt sich der Anspruch des Gesetzes als widerspruchsfrei, da die Widerspruchsfreiheit notwendig in dem Allgemeinheitsmoment als notwendige Voraussetzung der Verallgemeinerbarkeit enthalten ist.

(bb) Bestimmtheitsgebot

Das Gebot der Widerspruchsfreiheit findet seinen positivrechtlichen Niederschlag in Art. 103 II GG. Dem Bestimmtheitsgebot kommt eine doppelte Bedeutung zu:

α) Voraussehbarkeit

Bestimmtheit setzt danach zunächst als wesentliches Merkmal die Erkennbarkeit der Strafdrohung für ein bestimmtes Verhalten voraus[104]. Diese Notwendigkeit ergibt sich aus der Struktur der Strafrechtsnorm als Sollensnorm, die erfordert, daß der Adressat, der Sollende, um das Sollen und um das Gesollte weiß. Das bedeutet, er muß um die Existenz einer Strafdrohung wissen und um die konkrete Verhaltensweise als Verletzung eines Anerkennungsverhältnisses, die die strafrechtliche Rechtsfolge nach sich zieht. Nur unter diesen Voraussetzungen weiß er um das Gesollte und um dessen Verletzung[105].

β) Nachprüfbarkeit

Ferner kommt dem Bestimmtheitsgebot aber auch eine Bedeutung für die Nachprüfbarkeit der Bestrafung zu. Die gerichtliche Entscheidung soll anhand der bestimmten Voraussetzungen der Strafbarkeit nach allgemeinen Maßstäben nachprüfbar sein. Diese Funktion bezweckt eine Begrenzung staatlicher

---

102 Vgl. Paton, S. 219f.

103 Kant, IV, S. 70.

104 Schmidt-Bleibtreu/Klein, Art. 103 Rdn. 7 mit zahlreichen weiteren Nachweisen aus der Rechtsprechung des Bundesverfassungsgerichts.

105 Vgl. dazu Simmel, Moralwissenschaft, S. 260f.; Zurückgehend auf Naka, JZ 1961, 210 und unter Übernahme von dessen Formel „Appellfunktion d. Tatbestandes" weist Arthur Kaufmann, Schuldprinzip, S. 131 darauf hin, daß erst das Verletzungswissen geeignet ist, in dem Täter Hemmungsvorstellungen wachzurufen. Ebenso Arthur Kaufmann, Parallelwertung, S. 21.

Strafgewalt[106] und damit Willkürkontrolle[107]. Sie begründet die Garantiefunktion des (formellen) Gesetzestatbestandes[108].

(cc) Analyse des Bestimmtheitsgebots

Die ausgeführten Explikationen des Bestimmtheitsgebots sind in dieser Form allgemein anerkannt. Gleichwohl bedarf das Bestimmtheitsgebot weiterer Analyse, da in der bisherigen Abstraktheit damit wenig gewonnen ist.

α) Maßstab der Voraussehbarkeit

Zunächst ist festzustellen, daß dem Bestimmtheitsgebot in seiner Ausformung als Voraussehbarkeit der Bestrafung unmittelbare Normbewußtseinsrelevanz zukommt. Diese Funktion des Bestimmtheitsgebots ist Ausdruck der Struktur der Strafrechtsnorm als Sollensnorm. Problematisch ist aber, wie das Subjekt das Sollen erkennen kann. Ein Ansatz, der vom Gesetzestext ausgeht und dem Subjekt durch dessen Lektüre die erforderliche Voraussehbarkeit ermöglichen will, begegnet Bedenken[109].

Zunächst erscheint die Annahme, der Bürger informiere sich auf diese Weise über die an ihn gerichteten rechtlichen Anforderungen lebensfremd, da dies kaum jemand tut. Diesem Befund könnte zwar zunächst die rechtliche Relevanz dadurch abgesprochen werden, daß dem Bürger eine Informationspflicht auferlegt wird und in Konsequenz dieser Pflicht die Maxime: Unkenntnis schützt vor Strafe nicht praktiziert wird. Gegen ein solches Vorgehen bestehen allerdings wiederum Bedenken. Bei der heutigen Normen-Fülle würde es das Fassungsvermögen des Durchschnittsbürgers übersteigen, wenn man ihm die Lektüre von Gesetzessammlungen, deren Aktualisierung und darüber hinaus die Auseinandersetzung mit Bundes- und Landesgesetzblättern zumuten wollte[110]. Selbst wenn man in diesem Punkt zu einer anderen Wertung kommen könnte, würde diese Informationspflicht dennoch leerlaufen, da der Bürger, selbst bei größter Anstrengung, mit den Gesetzen nicht viel würde anfangen können. Dem Verständnis stände die für ein funktionsfähiges Rechtssystem unentbehrliche Fachterminologie, die Rechtssprache entgegen, die der Leser kaum verstehen kann. Schließlich kommt hinzu, daß ein großer Teil des geltenden Rechts sinnvoll nur in seinen vielfältigen systemati-

---

[106] Schmidhäuser, StuB 3/20; Jescheck, S. 108.

[107] Zu deren Notwendigkeit vgl. Wolff, S. 819.

[108] Vgl. Schönke/Schröder/Eser, § 1 Rdn. 18ff.; LK-Tröndle, § 1 Rdn. 2.

[109] Von einer solchen Sichtweise wird aber verbreitet ausgegangen, vgl. BVerfG NJW 1986, S. 1672; BGHSt 23, 167 (171); Schmidt-Bleibtreu/Klein, ebd.; Dopslaff, GA 1987, S. 3f.; Hirsch, JZ 1983, S. 1f.; Frisch, S. 62.

[110] Vgl. auch Arthur Kaufmann, Parallelwertung, S. 16.

schen Bezügen und Verflechtungen verstanden werden kann, die sich allgemeiner Kenntnis entziehen[111].

Es zeigt sich damit, daß der Ansatz am Gesetzestext funktionslos, die verbreitet auch heute noch dem Bestimmtheitsgebot zugrundegelegte Imperativentheorie nicht haltbar ist[112]. Es stellt sich die Frage, welche Konsequenzen aus dieser Erkenntnis zu ziehen sind. Logisch möglich sind zwei Lösungen: Verzicht auf die Voraussehbarkeit oder Reformulierung der Bestimmtheitsvoraussetzungen in diesem Zusammenhang.

αα) Verzicht auf die Voraussehbarkeit bei formeller Bestimmung

Zum Teil wird auf die hier diskutierte Dimension des Bestimmtheitsgebots verzichtet[113] oder es werden in der Sache solche Beschränkungen gemacht, die einem Verzicht gleichkommen. So wird es hinsichtlich des Bestimmtheitsgebots für ausreichend gehalten, wenn der Adressat der Norm diese unter Zuhilfenahme von Fachleuten verstehen kann[114]. Diese Argumentation ist zirkulär. Hier wird auf allgemeine Verständlichkeit verzichtet und nur noch auf die Verständlichkeit für Fachleute abgestellt. Man kann wohl nicht davon ausgehen, daß auch nur ein geringer Teil der Bürger sich aus eigener Initiative zwecks Aufklärung von Norminhalten an einen Fachmann wendet. Eine solche Sichtweise würde voraussetzen, daß der Bürger einen Anlaß sieht, sich um derartige Erkenntnis zu bemühen. Die Normkenntnis würde, einen gutwilligen und disziplinierten Bürger vorausgesetzt, der sich sogleich vergewissert und die Zeit und die Möglichkeiten dazu hat, vom mehr oder weniger von Unwägbarkeiten bestimmten Anlaß abhängen. Darin liegt, insbesondere im Hinblick auf die eingeschränkte Verfügbarkeit der Erkenntnisquelle keine Voraussehbarkeitsfunktion mehr. Hier wird vielmehr eine Minimalanforderung an das Bestimmtheitsgebot in seiner Funktion, eine Nachprüfung der Rechtsanwendung zu ermöglichen, formuliert. Denn wenn dem Bürger die Voraussicht der Strafbarkeit nicht einmal mehr mit Hilfe von Fachleuten möglich ist, ist sie dem Fachmann selbst unmöglich, der, was das Verständnis angeht, als kompetent vorausgesetzt werden muß. Wenn dies aber der Fall ist, dann ist die Norm als solche unverständlich und damit kein Gesetz, da sie widersprüchlich ist.

---

111 Vgl. Schmidhäuser, Rechtsordnungen, S. 7; Arthur Kaufmann, Parallelwertung, S. 1; Podlech, Fachsprache, S. 31ff.; Meyer-Ladewig, MDR 1962, S. 263; Rother, S. 6.

112 So auch Arthur Kaufmann, Parallelwertung, S. 15f.; Hirsch, JZ 1983, S. 4; Krüger, S. 41ff., 113.

113 Haft, Falldenken, S. 153ff., 159.

114 Schreiber, Gesetz und Richter, S. 215ff.

Nach allem kann es hier also nicht um die Voraussetzungen der Erkennbarkeit gehen, sondern um die Entscheidung zwischen Aufrechterhaltung und entsprechender Realisierung des Anspruchs auf Voraussehbarkeit oder Verzicht auf diese Funktion des Bestimmtheitsgebots. Unter Zugrundelegung der oben zur Ableitung des Gesetzes gemachten Ausführungen ist hierzu festzustellen, daß ein solcher Verzicht mit den dort gefundenen Maßstäben nicht vereinbar ist. Wie dargelegt, kommt gerade dieser Funktion des Bestimmtheitsgrundsatzes gesetzesbegrifflich existentielle Bedeutung zu, indem die Funktion den Sollenscharakter des Strafgesetzes und damit dessen Grundlage zur Geltung bringt[115]. Ein Verzicht darauf käme damit einem Verzicht auf Gesetzlichkeit gleich. Da somit feststeht, daß der Verzicht auf die Voraussetzung kein gangbarer Weg zur Lösung des Problems ist, muß der Ausgangspunkt der Überlegungen wieder in den Blick genommen und neu durchdacht werden.

ββ) Materielle Perspektive

Da die Untersuchung der Voraussehbarkeitsfunktion am formellen Gesetzesbegriff die Notwendigkeit des Verzichts auf die Voraussehbarkeit zum Ergebnis hatte, dieses Ergebnis aber mit erforderlicher Gesetzlichkeit nicht in Einklang zu bringen ist, bleibt nur eine Bestimmung der Voraussehbarkeitsfunktion am materiellen Gesetzesbegriff. Dieser ergibt sich aus der oben ausgeführten Ableitung des Rechts aus der Interpersonalität. Aus dieser bestimmt sich auch, entsprechend der Bildung des Rechts, das darauf bezogene Bewußtsein des einzelnen Subjekts. Indem dieses an den interpersonalen Vermittlungszusammenhang von Anerkennungsverhältnissen teilhat, erfährt es das dadurch konstituierte materielle Recht[116].

Das rechtsgemäße Verhalten des einzelnen bestimmt daher nicht das Gesetz im Sinne formellen Rechts, dessen (Teil)Kenntnis nur bei juristischen Fachleuten vorausgesetzt und auch nur diesem Kreis zugänglich ist[117], sondern die dem einzelnen intersubjektiv vermittelte Ordnung[118]. Diese schließt die Ableitung staatlichen Zwangsrechts ein. Daher weiß der einzelne, daß auf die Mißachtung von Anerkennungsverhältnissen in Form einer Verletzung oder

---

115 Vgl. oben (bb) a).

116 In diesem Zusammenhang wird auch von Sozialnormen oder Kulturnormen gesprochen. Die Erkenntnis der Parallelität der Normbildung geht zurück auf Mayer, Kulturnormen, S. 17ff. Weiterentwickelt wurde sie von Schmidhäuser, Zwei Rechtsordnungen und jüngst von Arthur Kaufmann, Parallelwertung. Zur soziologischen Dimension vgl. auch Opp. Übernommen wird diese Erkenntnis von Lüderssen, Erfahrung, S. 175f. und ausdrücklich in wistra 1983, S. 228. Sie klingt auch bei denjenigen an, die den Vorsatz formell bestimmen, vgl. Rudolphi, Vermeidbarkeit, S. 104f.

117 Vgl. auch Hirsch, JZ 1983, S. 4; Friedmann, S. 70.

118 Vgl. Hirsch, ebd., S. 5; Blankenburg, ARSP 1977, S. 32.

Gefährdung durch ihn eine Gemeinschaftsreaktion in Form der Strafe erfolgen wird. Die Kenntnis dieser materiellen Vermittlungszusammenhänge ermöglicht auch und gerade die Voraussehbarkeit der Bestrafung als solcher.

γγ) Vermittlungspflicht

Durch diese materielle Bestimmung der Voraussehbarkeit gewinnt die materielle Seite des Bestimmtheitsgebots neue Konturen.

(α) Ableitung der Pflicht

Aus dem Anspruch der Gemeinschaft, bei Mißachtung von Anerkennungsverhältnissen mit Strafe zu reagieren, ergibt sich die Notwendigkeit, Anerkennungsverhältnisse zu vermitteln[119]. Bereits diese Vermittlungspflicht ist Ausdruck der Verpflichtung der Gemeinschaft, die Freiheitssphäre des einzelnen zu schützen. Diese Verpflichtung trifft die Gemeinschaft als Verwalterin des Zwangsrechts. Sie kann dieser Verpflichtung aber nicht durch bloßes Gebrauchmachen von dem ihr übertragenen Zwangsrecht erfüllen, da das Gebrauchmachen unter Kautelen steht. Eine davon ist die Kenntnis der Strafbarkeitsvoraussetzungen im hier behandelten materiellen Sinn[120]. Diese Zusammenhänge sind wiederum unmittelbare Folge des auf dem Gesetzesbegriff beruhenden Sollenscharakters der Norm. Mit der Vermittlung der Anerkennungsverhältnisse durch die Gemeinschaft schafft diese die Voraussetzung zum Gebrauch des Zwangsrechts im Fall der Verletzung eines Anerkennungsverhältnisses und damit zum Schutz dieser Anerkennungsverhältnisse[121].

(β) Materielle Erfüllung

Entsprechend der Materialität der Zusammenhänge kann die Gemeinschaft dieser Verpflichtung nicht durch formelle Maßnahmen, wie etwa Verkündung eines Gesetzes im Bundesgesetzblatt, nachkommen[122]. Es ist oben bereits ausgeführt worden, daß derartigen Maßnahmen keine unmittelbar bewußtseins-

---

119 Die Annahme einer solchen Vermittlungspflicht findet sich allgemein im neueren soziologischen Schrifttum. Sie wird dort allerdings vorausgesetzt und nicht abgeleitet, vgl. Hesse, S. 226. Durch diese petitio principii droht die Erkenntnis der Vermittlungspflicht behindert zu werden, da die Vermittlungspflicht aus dem wechselseitigen Normkonstitutionszusammenhang resultiert. Daher darf der Entstehungsprozeß der Norm bei einer solchen Betrachtung nicht ausgeklammert werden (so aber Hesse, S. 231).

120 Vgl. Driendl, S. 45; Rehbinder, Jahrbuch für Rechtssoziologie und Rechtstheorie, Bd. III, S. 28.

121 Vgl. Driendl, S. 48; Rehbinder, ebd.

122 Vgl. Rehbinder, ebd., S. 39; differenziert unter Auseinandersetzung mit dem Adressatenproblem Krüger, S. 103f.; vgl. auch schon Lesowsky, ÖJZ 1947, S. 280.

bildende Relevanz zukommt. Die Gemeinschaft kann ihre Vermittlungspflicht vielmehr nur durch Teilhabe am eigentlich bewußtseinsbildenden Auseinandersetzungsprozeß in der Gemeinschaft selbst erfüllen[123]. In der Affirmation von Anerkennungsverhältnissen durch die Strafrechtspflege vollzieht sich eine solche Vermittlung. Eine wesentliche Bedeutung kommt bei der praktischen Ausführung dieser Pflicht auch der öffentlichen Auseinandersetzung unter Einbezug der modernen Medien zu. Von nicht zu unterschätzender Bedeutung ist auch die Interaktion im schulischen Bereich, zumal diese in einem Lebensalter stattfindet, in dem das Individuum noch relativ beeinflußbar und neue Impulse aufzunehmen in der Lage ist.

Neben diese grundsätzliche Vermittlung durch Teilhabe an einem Auseinandersetzungsprozeß tritt die Pflicht der Gemeinschaft, durch Schaffung von Sonderpflichten das erforderliche Wissen zu vermitteln. Als Beispiele mögen die Vorschriften über das Führen von Kraftfahrzeugen im öffentlichen Straßenverkehr dienen, wozu bekanntlich eine näher spezifizierte Fahrerlaubnis erforderlich ist oder die Vorschriften über die Ausführung der Jagd oder den Umgang mit Schußwaffen. Im Rahmen der Ausbildung zum Erwerb dieser jeweils erforderlichen Erlaubnisse wird dem Personenkreis ein spezifisches Sonderwissen vermittelt und teilweise auch im praktischen Vollzug eingeübt, das für den jeweiligen Kreis, in dem sich der Betreffende bewegt, von Belang ist, um den dort drohenden spezifischen Gefahren für Anerkennungsverhältnisse zu begegnen. Auch auf diesem Wege kann und muß die Gemeinschaft, wenn dazu Veranlassung besteht, Anerkennungsverhältnisse vermitteln[124].

(γ) Intensität der Pflicht

Es zeigt sich hier, daß die Intensität der Vermittlungspflicht von der Verletzungsnähe des tatbestandlichen Verhaltens abhängt. Ein Verletzungsverbot bedarf daher grundsätzlich weniger intensiver Vermittlungstätigkeit als ein Gefährdungsverbot, wobei in diesem Bereich wiederum zu unterscheiden ist zwischen tatbestandlichen Gefährdungen, die den Bezug zum Anerkennungsverhältnis in sich tragen und solchen, die an sich keine Gefährdung erkennen lassen. Hier besteht die intensivste Vermittlungspflicht, da diese Normen wegen ihrer fehlenden evidenten Beziehung zum Anerkennungsverhältnis für den einzelnen nicht ableitbar sind. Ihre Anerkennung setzt daher, im Gegensatz zu den Normen, die den Bezug zum Anerkennungsverhältnis in sich tragen ihre formelle Vermittlung voraus, um auf diese Weise auch materielle Verbindlichkeit zu erlangen. So ist es heute jedem Inhaber einer Fahrerlaub-

---

123 Vgl. zur Verbreitung des ordnungswidrigkeitenrechtlichen Baumschutzes das Beispiel von Meyer, JuS 1983, S. 515 Fn. 36; allgemein dazu Rehbinder, ebd., S. 39ff., 42 mit weiteren Nachweisen.

124 Zu den Modalitäten der Vermittlung vgl. Rehbinder, ebd., S. 39ff.

nis bekannt, daß das Führen von Kraftfahrzeugen in alkoholisiertem Zustand die Verkehrssicherheit, damit Leben und Körperintegrität anderer und damit deren Freiheitssphären elementar gefährdet. Daher trägt das tatbestandliche Verhalten von § 316 StGB diesen Bezug in sich. Zweifel an einem derartigen Bewußtsein bestehen dagegen für die Bestimmungen des Washingtoner Artenschutzabkommens. Trotz des gestiegenen Umweltbewußtseins kann daher nicht davon ausgegangen werden, daß der Reisende, der etwa als Tourist in einem anderen Kontinent ein Souvenir in Form von Sachen, die diesem Abkommen unterfallen, erworben hat und diese bei der Rückreise in die Bundesrepublik Deutschland einführen will, sich darüber im klaren ist, mit seinem Verhalten die Umwelt zu gefährden, indem er an der Schaffung eines Absatzmarktes für durch Verletzung bedrohter Arten geschaffene Souvenirs mitgewirkt hat. Diesbezüglich bedarf es noch weiterer Vermittlungsanstrengungen.

(δ) Einseitigkeit der Pflicht

Diese Vermittlungspflicht ist eine einseitig die Gemeinschaft treffende Pflicht. Ihr entspricht kein Pendant auf Seiten des einzelnen. Zur Begründung kann auf das oben zur Ablehnung der formellen Betrachtungsweise Ausgeführte verwiesen werden. Das Subjekt mag eine ethische oder eine staatsbürgerlich-politische Pflicht zur Teilnahme am Auseinandersetzungsprozeß haben, ihm obliegt jedenfalls keine strafrechtlich relevante Pflicht dazu. Daraus ergibt sich, daß es im Rahmen des beschriebenen Vermittlungsprozesses bei dem hochkomplexen Rechtssystem zu Vermittlungslücken kommen kann. Solche Vermittlungslücken sind, wie zu zeigen sein wird, zu einem Teil auf defizitäres Vermittlungsverhalten der Gemeinschaft zurückzuführen, zum Teil sind sie aber auch in einem freiheitlichen System mit angelegt und müssen von diesem getragen werden. In dieser Beziehung ist das Strafrecht nicht nur was die Voraussetzungen des Schutzbereichs angeht, sondern auch hinsichtlich der Vollziehung im Schutzbereich fragmentarischer Natur. Das freiheitliche System kann das verkraften[125].

β) Maßstab der Nachprüfbarkeit

Die zweite Funktion des Bestimmtheitsgrundsatzes, die Ermöglichung der Nachprüfbarkeit einer konkreten Rechtsanwendung hat sich demgegenüber am formellen Recht zu orientieren[126]. Diese Funktion hat im wesentlichen den Inhalt, der mit der Bezeichnung Tatbestandsgarantie gekennzeichnet ist. Darin liegt eine Begrenzung der staatlichen Strafgewalt, da sich der Staat in

---

[125] Von den Auswirkungen der fragmentarischen Natur des Strafrechts zu unterscheiden ist die rechtswidrige Nichtvollziehung von Strafgesetzen.

[126] Vgl. Hirsch, JZ 1983, S. 5.

positivierter Form festlegen und die Grenzen der Strafbarkeit beschreiben muß. Entsprechend der Vermittlungspflicht im soeben behandelten materiellen Bereich hat der Staat das positivierte Normenwerk allgemein zugänglich zu machen und zu veröffentlichen. Der Zugriff darauf muß jedermann offenstehen, auch wenn praktisch hauptsächlich Fachleute davon Gebrauch machen. Das formelle Recht mag hauptsächlich an die Fachleute gerichtet sein, es ist dennoch nicht nur für diese da[127]. Da der Bürger sich im Bedarfsfalle der Unterstützung eines Fachmannes bedienen kann, der die konkrete Rechtsanwendung in seinem Interesse überprüfen kann, dient das formelle Gesetz auch und gerade dem Schutz des Bürgers.

Bei der Positivierung des Rechts muß sich der Staat größtmöglicher Genauigkeit befleißigen. Zu diesem Zwecke dient die juristische Fachterminologie[128]. Diese Seite des Bestimmtheitsgebotes ist es, die in allgemeiner Terminologie mit dem Bestimmtheitsgebot insgesamt gleichgesetzt wird. Naturgemäß können die Anforderungen an eine in diesem Sinne bestimmte Norm nicht abschließend definiert werden. Fest steht auch, daß ohne wertausfüllungsbedürftige Begriffe bei der Positivierung von Strafvorschriften nicht auszukommen ist. Die Genauigkeit ist aber so weit wie möglich zu fördern. Das bedeutet, daß unbestimmte Begriffe jedenfalls dann rechtswidrig sind, wenn sie vermieden werden könnten[129]. Eine abschließende Entscheidung kann nur im Einzelfall unter Berücksichtigung der konkreten Vorschrift und ihres Zusammenhangs erfolgen.

Die in dieser Weise positivierte Norm bildet die Grundlage der Bestrafung. In dieser Funktion entfaltet das Bestimmtheitsgebot in Form der Tatbestandsgarantie seine Wirksamkeit und bildet die Grundlage einer rechtsstaatlich organisierten Strafbarkeit. Eine Mißachtung dieser Seite des Bestimmtheitsgebotes wäre ebenso schädlich, wie ein Verzicht auf dessen materielle Seite. Dies zeigt eine Betrachtung der strafrechtlichen Gesetzgebung und Rechtsanwendung auf der Grundlage des StGB in der Fassung des Änderungsgesetzes vom 28. 6. 1935. Dort wurde auf eine gesetzliche Bestimmung der Strafbarkeit ausdrücklich verzichtet und das „gesunde Volksempfinden" gleichrangig neben die gesetzliche Bestimmtheit gestellt (§ 2 StGB in neuer Fassung). Diese Grundlage der Strafbarkeit fand auch Eingang in die StPO und enthielt, in §§ 170a und 267a[130] an die Staatsanwaltschaft und an das Gericht adressiert, eine Verpflichtung zur bestimmtheitswidrigen analogen Anwendung von Strafgesetzen. Diese Aufgabe des Prinzips der formalen Gerechtigkeit wurde mit dem Bedürfnis nach lückenlosem Strafrechtsschutz und der daraus resul-

---

127 Vgl. Arthur Kaufmann, Parallelwertung, S. 35.

128 Vgl. ebd.

129 Schönke/Schröder/Eser, § 1 Rdn. 20; Löwer, JZ 1979, S. 625; Naucke, Generalklauseln, S. 3ff.

130 Ebenfalls in der Fassung vom 28. 6. 1935.

tierenden Notwendigkeit der Überordnung der materiellen über die formale Gerechtigkeit begründet[131]. Dazu reiche das Gesetz als Rechtsquelle nicht mehr aus[132]. Auf der Basis dieser Rechtslage wurden Entscheidungen gefällt, die ihre Grundlage ausschließlich im Strafbedürfnis der erkennenden Gerichte hatten[133]. Abgesehen davon, daß die Strafgesetzgebung und Strafrechtsanwendung sicher nicht in Übereinstimmung mit der materiellen Rechtsordnung der Zeit vollzogen wurde, zeigt diese Epoche gleichwohl die Unverzichtbarkeit der Bestimmtheit des Strafgesetzes im Sinne der Tatbestandsgarantie[134].

Die notwendig bestehende staatliche Strafbefugnis ist damit durch diese absolute Wirkung des Strafgesetzes begrenzt. Verhaltensweisen, die davon nicht erfaßt sind, dürfen nicht bestraft werden, seien sie auch noch so strafwürdig. Vor diesem Hintergrund erscheint die Tendenz in der Rechtsprechung, das Bestimmtheitsgebot extensiv auszulegen und damit im Einzelfall nahezu leerlaufen zu lassen, bedenklich[135]. Darauf wird später zurückzukommen sein.

γ) Beziehung zwischen materieller und formeller Rechtsordnung

An dieser Stelle der Untersuchung ist es angebracht, die bisher gewonnenen Erkenntnisse über Formelles und Materielles als Strafbarkeitsvoraussetzung, soweit es das Unrecht konstituiert, zu systematisieren und zu reflektieren. Oben wurde bereits dargelegt, daß die Rechtsordnung eine formelle und eine materielle Dimension aufweist, die jede für sich als eine Rechtsordnung angesehen werden kann[136]. Diese beiden Ordnungen stehen keineswegs bezie-

---

[131] Vgl. Bartsch, S. 14 mit weiteren Nachweisen; die Unhaltbarkeit dieser Prämisse zeigt Welzel, Rechtsgeltung, S. 19f.

[132] Schäfer-Dohnanyi, S. 183.

[133] Ein sicher nicht vollständiger aber instruktiver Überblick findet sich bei Bartsch, S. 89ff.

[134] Allerdings gilt diese allgemein, also auch bei Würdigung von Verbrechen der damaligen Zeit. Danach ergeben sich Probleme bei den Denunziantenfällen (vgl. Arthur Kaufmann, ebd., S. 8f.). Hier kann davon ausgegangen werden, daß die ehrschützende Norm wegen des unzulässigen Eingriffs in die Meinungsäußerungsfreiheit und der unverhältnismäßigen Folgen ungesetzlich war, nicht aber davon, daß dem Handelnden dies auch bewußt war. Es ist auch denkbar, daß er die Norm für eine gültige Konkretion des Bereichs zulässiger Meinungsäußerung hielt, so daß ihm damit das Verletzungswissen fehlte. In diesem Fall verwirklichte er kein Unrecht, das fehlende formelle Unrecht kann auch in diesem Falle trotz möglicher Strafwürdigkeit und Strafbedürftigkeit nicht mit naturrechtlichen Kategorien substituiert werden (vgl. Kuhlen, S. 272f.). Hatte er dagegen das Verletzungswissen, indem er die Ungesetzlichkeit des Normeingriffs und damit die Ungültigkeit des Gesetzes erkannte und meinte, dieses erlaube ihm den Eingriff in das Anerkennungsverhältnis, ist der Fall als Fall des Verbotsirrtums zu behandeln.

[135] Vgl. dazu Bernd Schünemann, nulla poena, S. 4ff., 29ff., 39; Krahl, S. 394ff.

[136] Vgl. auch Gössel, FS Oehler, S. 98ff.

hungslos nebeneinander, sondern beeinflussen sich gegenseitig in spezifischer Weise.

αα) Existentieller Konstitutionszusammenhang

Die materielle Ordnung als Vorstellung der Mitglieder der Gemeinschaft vom Recht geht aus der oben im einzelnen dargelegten Interpersonalität[137] hervor und führt zur Bildung von Normen, die positiviert zum formellen Recht werden. Daraus ergibt sich, daß das formelle Recht materielles voraussetzt, da es auf dieses zurückgeht und aus diesem hervorgeht[138]. Das formelle Recht wird durch das materielle Recht konstituiert. Diese konstitutionelle Abhängigkeit des formellen vom materiellen Recht ist eine permanente, da das formelle Recht aufgrund dieses Zusammenhangs durch Veränderungen des materiellen Rechts bedingten Erweiterungen oder Einschränkungen unterliegt[139].

(α) Inkongruenz

Durch die Pluralität, ohne die Staatlichkeit nicht denkbar ist, ist eine Inkongruenz zwischen formeller und materieller Ordnung unvermeidbar. Diese ist darauf zurückzuführen, daß die Mitglieder der Gemeinschaft divergierende Vorstellungen vom (materiellen) Recht haben, die im formellen Recht nicht sämtlich aufgehoben werden können.

(β) Fragmentarische Natur des Strafrechts

Bezogen auf das Strafrecht ergibt sich aus der Inkongruenz dessen fragmentarische Natur. Diese Notwendigkeit ist über die Erkenntnis der Inkongruenz vermittelt aus der Gesetzlichkeit als Widerspruchsfreiheit. Da das Strafrecht ausschließlich den Schutz von Anerkennungsverhältnissen formaler Freiheit bezweckt, muß es auf ein konkretes Anerkennungsverhältnis zurückführbar sein. Ein ein Strafgesetz rechtfertigendes Anerkennungsverhältnis kann aber erst dann angenommen werden, wenn insoweit in der Gemeinschaft praktisch ein Konsens besteht[140]. Ein nicht in dieser Weise abgeleitetes Strafgesetz ist widersprüchlich, weil es nicht den Schutz eines Anerkennungsverhältnisses, das von der Gemeinschaft für schutzwürdig erachtet ist, schützt. In diesem Falle beeinträchtigt es die Freiheit der Adressaten, ohne legitimiert zu sein

137 Vgl. oben 2. und 3.

138 Vgl. dazu Friedmann, S. 135; Diekmann, die die äußere, soziologische Seite des Phänomens untersuchen.

139 Vgl. oben aa).

140 Vgl. auch Stratenwerth, AT, Rdn. 63.

und ist damit Unrecht[141]. Dasselbe gilt auch für die unter der Ebene des positivierten Rechts stehenden Konkretionen, wie etwa für die Auslegung von Tatbestandsmerkmalen. In diesen Fällen hat sich der Rechtsanwender an den in der Gemeinschaft vorfindlichen Anschauungen zu orientieren und nicht eigene Wertmaßstäbe anzulegen. Führt dies dazu, daß eine Konkretion des Tatbestandsmerkmals nicht mehr vom allgemeinen Willen getragen ist, muß sie aufgehoben und das betreffende Verhalten unter Restriktion des Tatbestandes straffrei gestellt werden. Daß diese scheinbare Selbstverständlichkeit keine ist, zeigt die Rechtsprechung des BGH zur Verlobtenkluppelei. Hier hat der BGH auch unter Zugrundelegung damaliger Wertvorstellungen an einer materiell nicht mehr legitimierten extensiven Konkretion des Tatbestandsmerkmals festgehalten[142, 143].

Wegen der dargelegten Zusammenhänge, die sich aus dem Gesetzesbegriff ergeben, muß die ausgeführte fragmentarische Natur des Strafrechts hingenommen werden. Das Bestreben, einen lückenlosen Strafrechtsschutz herbeizuführen, ist, abgesehen davon, daß er nur unter Verzicht auf das Prinzip formaler Gerechtigkeit realisiert werden kann, bereits als solches mit dem dem Gesetzesbegriff immanenten Anspruch auf Widerspruchsfreiheit nicht zu vereinbaren.

ββ) Funktioneller Konstitutionszusammenhang

Die formelle Ordnung wiederum wirkt auf die materielle Ordnung dergestalt ein, daß die Mitglieder der Gemeinschaft durch Miterleben des Vollzuges von Strafgesetzen in der Befolgung der ihnen zur Verfügung stehenden materiellen Norm bestärkt werden. Diese Funktion wird allgemein als Generalprävention bezeichnet. Damit liegt in jedem Normvollzug eine mittelbare Affirmation der Norm, in jedem Nichtvollzug eine mittelbare Negation der Norm. Jede Ausnahme stellt die Normgeltung in Frage und greift den Bestand der Norm an. Durch präventive Wirkung des Normvollzuges wird die unmittelbare Affirmation, bzw. Negation der Norm durch die Adressaten der Norm bewirkt. Der Vollzug im Sinne einer Herbeiführung der vorgesehenen Rechtsfolge hält Mitglieder der Gemeinschaft davon ab, Normen zu verletzen, der Nichtvollzug weckt oder bestärkt Tendenzen zur Negation der Norm[144].

---

[141] Vgl. ebd., Rdn. 50.

[142] Der Umstand, daß die Konkretion bereits deshalb unrechtlich war, weil sie sich nicht innerhalb des Bereichs des Rechts bewegte, wird hier abgesehen.

[143] BGHSt 6, 46. Hinweise auf Unrechtlichkeit der Rechtsprechung finden sich bereits in den 20er Jahren, vgl. Mittermaier, Stichwort: Kuppelei (fehlendes Bewußtsein der Rechtswidrigkeit!); Dehnow, S. 22. In der Entscheidung ist demgemäß auch von ständigen Angriffen bereits gegen die Rechtsprechung des Reichsgerichts die Rede (BGHSt 6, 46 (49)).

[144] Vgl. Driendl, S. 46; Opp, S. 190; Noll, S. 148.

Diese Wirkungen setzen aber eine Akzeptanz des erlebten Normvollzuges voraus[145]. Auf diese Weise wirkt die materielle Ordnung wieder auf die formelle Ordnung zurück. Durch Vollzug einer nicht akzeptierten Norm kann vielleicht eine solche nicht mehr legitimierte Norm einige Zeit erhalten werden, sie wird aber nur als formelle Norm auf dem Papier Bestand haben, nicht als materielle Norm in der Gemeinschaft gelebt werden. Dies zeigt wiederum die Auslegung des Merkmals der „Unzucht" durch den BGH. Die vom BGH gegen den allgemeinen Willen aufrecht erhaltene Norm wurde in der Gemeinschaft kaum befolgt.

(dd) Gültigkeit der Norm

Zusammenfassend kann festgestellt werden, unter welchen Voraussetzungen eine gültige Norm gegeben ist.

Eine solche Norm muß ungeachtet ihrer Konkretionsstufe auf gesetzlicher oder untergesetzlicher Ebene mit der durch vermittelte Anerkennungsverhältnisse gebildeten materiellen Ordnung übereinstimmen. Dies ist dann der Fall, wenn die Norm generell anerkannt wird. Bleibt der Norm die Anerkennung versagt, ist sie trotz Positivität nicht Zwangsrecht. Dies trifft etwa auf die geheimgehaltenen Befehle Hitlers, die die sogenannte Euthanasie und die Endlösung der Judenfrage betrafen, zu. Diese Befehle konnten bereits aufgrund ihrer Geheimhaltung kein verbindliches Recht sein, da eben diese Geheimhaltung eine Anerkennung ausschloß. Abgesehen davon hätten diese „Normen" aber ihrem wesentlichen Inhalt nach nicht anerkannt werden können, da sie, soweit die Tötung von Juden angeordnet wurde, ungesetzlich waren. Dies waren sie deshalb, weil aufgrund der vorauszusetzenden Gleichheitserkenntnis der Juden als Menschen die Anordnungen gegen den kategorischen Imperativ verstießen. Ihre Anerkennung hätte in diesem Sinne den Verzicht des Anerkennenden auf Lebensschutz zur Folge haben müssen[146]. Diese Widersprüchlichkeit ist auch so evident, daß der in Gemäßheit der formellen Norm Handelnde deren Ungesetzlichkeit kaum verkennen kann.

Schwierigkeiten in bezug auf die Notwendigkeit materieller Anerkennung ergeben sich allerdings auch bei Normen heutigen positiven Rechts, und zwar bei den abstrakten Gefährdungsdelikten. So ist im konkreten Fall des alkoholisierten Kraftfahrers, der das Fahrzeug nachts auf leerer, abgelegener Straße von der Fahrbahn in die Garage fährt, nicht ohne weiteres verständlich, weshalb der Fahrer damit das materielle Recht verletzt. Ähnliche Probleme ergeben sich bei allen abstrakten Gefährdungsdelikten, wenn in dem konkreten Sachverhalt eine konkrete Gefährdung ausgeschlossen sein kann[147]. Unzuläs-

[145] Auch in der untergesetzlichen Konkretion bedarf das Recht der Anerkennung.

[146] In diesem Sinne auch Welzel, Rechtsgeltung, S. 6f., 31.

sig ist es, hier auf reinen Gehorsam und damit auf unabgeleitetes Zwangsrecht abzustellen[148]. Damit würde der oben ausgeführte Anspruch des Gesetzes auf Widerspruchsfreiheit durch materielle Vermittlung durchbrochen. Das kann nicht hingenommen werden, da der Gesetzesbegriff in seinem Anspruch auf Widerspruchsfreiheit nicht relativierbar ist. Da das Gesetz somit trotz formeller Bestimmtheit nicht materiell vermittelbar ist, müssen aus den abstrakten Gefährdungsdelikten solche Fälle ausgespart werden, in denen eine konkrete Gefährdung ausgeschlossen ist.

Neben der materiellen Anerkennung muß die Norm formell bestimmt sein. Diese Positivierung muß, um größtmögliche Plausibilität des Anwendungsprozesses und insbesondere dessen Nachprüfbarkeit zu garantieren, so bestimmt wie möglich positiviert sein.

Damit ergibt sich, daß die Norm zu ihrer Gültigkeit der materiellen Anerkennung und zugleich der formellen Positivierung bedarf. Diese Gültigkeitsvoraussetzungen der Norm bedingen sich gegenseitig in der beschriebenen Weise. Es ergibt sich, daß materielles Recht und formelles Recht erst gemeinsam gültiges Recht konstituieren. Für sich sind sie kein Recht[149] im Sinne der Grundlage für einen strafrechtlichen Eingriff. Dies muß konsequenterweise auch dort gelten, wo ein sogenanntes „Unrechtsgesetz" Anerkennung findet. Dieser Fall ist zwar fiktiver Natur und es ist zu hoffen, daß er es auch bleibt. Dennoch ist in diesem Fall eine Bestrafung nicht möglich, da sich die den Strafanspruch erhebende Gemeinschaft zum relevanten Zeitpunkt der Tatbegehung im Selbstwiderspruch befand, indem sie sich ein ungesetzliches Gesetz gegeben hat.

(b) Verfolgungszwang

Aus dem Begriff des Gesetzes auf der Grundlage des kategorischen Imperativs[150] ergibt sich ein Verfolgungszwang, der der staatlichen Strafbefugnis korrespondiert. Der Verfolgungszwang kann zwar Ausnahmen erfahren, wenn diese im allgemeinen Willen enthalten sind und das Absehen von der Strafverfolgung sich als Absehen von weiterer Strafverfolgung darstellt, nachdem eine dem allgemeinen Willen entsprechende Prüfung der Sache stattgefunden und

---

147 Vgl. Jakobs, 6/88; Lackner, Gefährdungsdelikt, S. 9; Bernd Schünemann, JA 1975, S. 789.

148 So aber Jakobs, ebd.

149 So im Ergebnis auch Welzel, Rechtsgeltung, S. 30.

150 Zu dieser Ableitung vgl. auch Naucke, Kant, S. 33f. m.w.N.; im Ergebnis ebenso Fichte III, S. 109; v. Kries, S. 267; Heinze, GA 1876, S. 274; a.A. Jeutter, S. 13ff., der das Legalitätsprinzip auf der Grundlage der Vereinigungslehre aus einer Justizgewährungspflicht des Staates ableitet. Die Begründung dafür sieht er zwar im Zweck des lückenlosen Rechtsschutzes, S. 37, dieser ist seinerseits allerdings wiederum auf den kategorischen Imperativ zurückzuführen.

ergeben hat, daß die Gemeinschaft in diesem konkreten Falle besonderer Umstände wegen keine Strafverfolgung verlangt[151]. Die dem Staat obliegende Verpflichtung kann aber nicht aus anderen als aus den im allgemeinen Willen angelegten Gründen unerfüllt bleiben, ohne daß die Gemeinschaft Schaden nimmt. In solchen Fällen mag zwar für eine gewisse Zeit bei äußerlicher Betrachtung der Gemeinschaft der Eindruck entstehen, diese überstehe das Unterlassen der Strafverfolgung ohne weiteren Schaden[152]; dies erweist sich jedoch als Irrtum, wenn der einzelne als konstitutives Element der Gemeinschaft in seiner Eigenschaft als Verletzter betrachtet wird. Aus dessen Sicht stellt sich das Absehen von Strafverfolgung außerhalb des Allgemeinwillens und damit contra legem nicht mehr als Garantie seiner Freiheitssphäre, sondern als Solidarisierung mit der Willkür des Verletzers dar[153] und damit als institutionelle Negation des allgemeinen Willens neben und zusätzlich zu der in der Verletzung durch den Täter erfahrenen individuellen Negation des Rechts. Der so verfahrende Staat setzt sich selbst gegen den allgemeinen Willen. Für ihn gilt dasselbe, was für den einzelnen gilt, der den allgemeinen Willen verletzt: er begeht einen Selbstwiderspruch (Garantieversprechen gegen mangelnde Einhaltung, Bruch des Garantieversprechens) und setzt sich selbst ins Unrecht. Die nicht fernliegende Folge dessen ist, daß sich der Verletzte von ihm abwendet. Dies kann so geschehen, daß er das ihm ursprünglich zustehende, dem Staat übertragene Zwangsrecht, diesem wieder entzieht und es selbst ausübt. Dadurch würde die vom Staat gegebene Stabilitätsgarantie für den Verletzten und potentielle Verletzer aufgehoben und die vorstaatliche Instabilität träte jedenfalls in diesem Zusammenhang an die Stelle der staatlichen Gemeinschaft. Daraus ergibt sich, daß in jeder gesetzwidrigen Unterlassung der Strafverfolgung eine Labilisierung des Staates liegt, die, anders als bei der vom allgemeinen Willen gewollten Nichtverfolgung, von der Gemeinschaft als nicht erträglich angesehen wird[154]. Wenn sich dieser Vorgang wiederholt, ist letzte Konsequenz des staatlichen Unrechts das Auseinanderfallen von Staat und Gemeinschaft und damit das Zerbrechen der Gemeinschaft, indem die Mitglieder das im allgemeinen Willen aufgehobene Zwangsrecht dem Staat wieder entziehen.

V. Ergebnis

Anhand der bisher gewonnenen Erkenntnisse sollen nun die im Laufe der Untersuchung aufgeworfenen Fragen geklärt werden. Sodann sollen die Auswirkungen der Erkenntnisse auf die Straftatstruktur betrachtet werden.

---

[151] So etwa bei den gesetzlich vorgesehenen Einstellungsmöglichkeiten.

[152] Vgl. Amelung, S. 388.

[153] Vgl. Zaczyk, S. 126; zur Stellung des einzelnen als Repräsentant der Gemeinschaft in bezug auf eine Verletzung, vgl. Wolff, ZStW 97 (1985), S. 819.

[154] Vgl. Zaczyk, S. 126.

1. Klärung aufgeworfener Fragen

a) Bestimmung des Unrechtsbewußtseins aus der Interpersonalität

Festzuhalten ist zunächst, daß das Unrechtsbewußtsein aus dem Begriff der Person zu bestimmen ist. Das impliziert, daß es sich beim Unrechtsbewußtsein um etwas von einem Gegenstandsbewußtsein Verschiedenes handelt[155]. Nach dem oben Ausgeführten kann das Unrechtsbewußtsein als das Ergebnis vernunftgemäßer Selbstkonstitution als Freier unter Freien bezeichnet werden[156].

b) Bildung des Unrechtsbewußtseins durch Vermittlung von Anerkennungsverhältnissen

Sein Bildungsprozeß konnte ausgehend vom Terminus des „Werterlebens" näher betrachtet und unter Auflösung dieses Terminus als Vermittlung von wechselseitigen Anerkennungsverhältnissen in und durch Intersubjektivität bezeichnet werden[157]. Die objektiv-absolute Geltung dieser Anerkennungsverhältnisse wird dem Subjekt durch den Dritten vermittelt. Auf diese Weise kann das Subjekt trotz der Subjektivität des Vermittlungserlebens die Objektivität des Anerkennungsverhältnisses verstehen. Dieses Anerkennungsverhältnis ist der Inhalt dessen, was in herkömmlicher Terminologie als Wert oder Rechtsgut bezeichnet wird. Vermöge dessen ist dem Täter auch zur Tatzeit der „gesamte konkrete Wertgehalt der übertretenen Norm"[158] gegenwärtig. Mit dieser Forderung des geistigen Verstehens[159] der Norm ist der Täter auch nicht überfordert[160]. Darin ist vielmehr eine notwendige Voraussetzung der Bestrafung zu sehen.

Diese gefundene Bestimmung des Unrechtsbewußtseins bestätigt, daß das Unrechtsbewußtsein nicht etwas dem Subjekt Immanentes ist, sondern von diesem erst gebildet werden muß. Die Bildung des Unrechtsbewußtseins ist jedoch dem einzelnen allein nicht möglich, da sie die Teilnahme an einem Auseinandersetzungsverhältnis voraussetzt.

c) Vertragliche Ableitung des Gesetzes

Die scheinbare Zufälligkeit der Konvergenz der Anerkennungsverhältnisse ist zurückzuführen auf die Herausbildung einer Gemeinschaft zum Zwecke

---

155 Eine eingehende Ableitung findet sich bei Köhler, Fahrlässigkeit, S. 199ff., insbesondere S. 208ff. sowie Begriff, S. 49; vgl. auch Schmidt-Klügmann, S. 74.

156 Vgl. ebd.

157 Vgl. Zaczyk, S. 93f.

158 Rudolphi, Vermeidbarkeit, S. 56.

159 Ebd.

160 So aber Stratenwerth, ZStW 85 (1973), S. 491.

gegenseitigen Schutzes unter Devolution des Zwangsrechts. Die Konvergenz beruht damit nicht auf Zufälligkeiten, sondern auf der Willensübereinstimmung der Mitglieder der Gemeinschaft. Diese entwickeln im Interesse der Beteiligten Gesetze, die deren Schutz bezwecken. Diese Gesetze basieren auf der jeweiligen individuellen Entscheidung des Subjekts, das die Norm für sich selbst und in Verständigung mit den anderen Mitgliedern der Gemeinschaft bildet.

d) Interdependenz zwischen Gesetz und Anerkennungsverhältnis

Aus dieser Schutzfunktion des Gesetzes ergibt sich auch, daß eine Strafe nur für ein solches Verhalten angedroht und verhängt werden darf, in dem die Mißachtung eines anderen oder der Gemeinschaft als Vernunftwesen zum Ausdruck kommt[161]. Dem Gesetz kommt daher kein unmittelbarer eigener absoluter Ordnungswert zu, um dessen Verletzung willen Strafe angedroht oder verhängt werden dürfte[162]. Das materiale Unrecht einer Norm muß stets, auch im Bereich der Ordnungswidrigkeiten auf die Verletzung oder Gefährdung eines Anerkennungsverhältnisses zurückzuführen sein. Der Rechtssicherheitswert des Normensystems ist damit ein reflexiver Effekt, und kein Wert an sich, da ihm, anders als bei der Verletzung oder Gefährdung des Anerkennungsverhältnisses der Gemeinschaft in konkreter Form, wie sie etwa im Hochverrat oder im Widerstand gegen Vollstreckungsbeamte zum Ausdruck kommt, kein konkretisiertes Anerkennungsverhältnis zugrunde liegt.

Die so gebildeten Normen sind trotz ihrer absoluten objektiven Geltung veränderbar. Dies beruht darauf, daß die Norm in ihrer absoluten Geltung relativ zum allgemeinen Willen der Gemeinschaft und damit zum Willen ihrer Mitglieder ist. In praktischer Umsetzung dieser Relativität wird die Norm in jedem Anwendungsfall durch das Subjekt fortbestimmt. Diese Fortbestimmung findet entweder erweiternd und affirmierend statt im Falle der Normbefolgung oder reduzierend negierend im Falle der Verletzung, indem das Subjekt in der Entscheidungssituation willentlich für sich eine dem allgemeinen Willen entsprechende oder widersprechende Norm bildet[163]. Im letzten Falle kann es, wenn eine solche Aufhebung der Norm von einer überwiegenden Zahl der Gemeinschaftsmitglieder vollzogen wird, zu einer Umbildung des allgemeinen Willens kommen. Diese Umbildung kann sowohl im praktischen Vollzug der Norm stattfinden, als auch antizipiert in der Weise, daß der allgemeine Wille abstrakt vom praktischen Vollzug verändert wird. Der erste Fall

---

[161] Nach herkömmlicher Terminologie handelt es sich hier um die Verletzung bzw. Gefährdung von Individual- und Gemeinschaftsrechtsgütern.

[162] Vgl. Arthur Kaufmann, Schuldprinzip, S. 136; ders., Unrechtsbewußtsein, S. 184ff.; Henkel, S. 444; Kerkau, S. 209; Wiedemann, S. 199; Müller-Dietz, Strafe und Staat, S. 16.

[163] Vgl. Wolff, ZStW 97 (1985), S. 819.

ist der Fall der desuetudo, in dem die Norm praktisch obsolet wird. Der letzte Fall ist der Fall der Aufhebung der Norm als Unterfall der Positivierung auf dem zur Positivierung von Normen vorgesehenen Wege. Festzuhalten ist, daß das so verstandene Unrechtsbewußtsein die Grundlage der Normgeltung bildet, indem das Subjekt in seiner Entscheidung für Affirmation oder Negation der Norm als letzte einzelne Instanz Geltung oder Nichtgeltung zuspricht.

e) Brauchbarkeit soziologischer Kategorien für die Erfassung der Zusammenhänge

Die hier als erheblich erkannten Zusammenhänge können mit soziologischen Kategorien nicht vollständig erfaßt werden. Die Soziologie liefert zwar eine mehr oder weniger zutreffende Beschreibung des Interaktionsprozesses als äußerer Seite der Intersubjektivität und der Institutionen, es fehlt jedoch eine Analyse der ausgeführten Grundlagen und inneren Zusammenhänge der Intersubjektivität, in der das Unrechtsbewußtsein seine Grundlage hat. Damit sind die Erkenntnisse der Soziologie nicht nur für die praktische Philosophie von geringem Wert[164], sondern für die hier interessierenden rechtlichen Zusammenhänge auch insofern risikobehaftet, als eine Reduktion der für das Unrechtsbewußtsein notwendigen Bedingungen droht[165]. Insbesondere besteht die Gefahr, daß unter Außerachtlassung der bezeichneten Zusammenhänge die für die Bildung des Unrechtsbewußtseins erforderliche Intersubjektivität auf eine „Rezeption" staatlicher Ordnungswerte verkürzt[166] wird, die zudem leicht unterstellt werden kann. Diese Gefahr der Unterstellung der Rezeption staatlicher Ordnungswerte liegt darin begründet, daß sie an keinem Maßstab meßbar und eine darauf gegründete Entscheidung nicht überprüfbar ist. Dies wiederum liegt darin begründet, daß soziologische Kategorien die hier ausgeführten Zusammenhänge voraussetzen und in diesem Lichte zu würdigen sind[167]. Ein Arbeitswert kommt diesen Katgorien daher nur unter der Voraussetzung zu, daß sie im Zusammenhang mit ihren Grundlagen und darauf aufbauend angewendet werden[168]. Beim Außerachtlassen der Grundlagen der Interaktionslehre, die auf der entwickelten Intersubjektivität aufbaut, sind die erzielten Ergebnisse wegen des ausschließlichen Anknüpfens an der äußeren Seite der Intersubjektivität nahezu beliebig[169].

---

[164] Siep, S. 295.

[165] Zaczyk, S. 11.

[166] Vgl. Wildt, S. 261; dies zeigt sich bei Kuhlen, S. 457, der die hier ausgeführten Grundlegungen außer Betracht läßt und unter Bezugnahme auf die nur an der interaktionistisch-äußeren Seite der Intersubjektivität ansetzenden Ausführungen Backes an der Struktur der Bildung des Unrechtsbewußtseins vorbeigeht; ferner bei Schmidt, S. 147, der auf eine angebliche menschlich-anlagebedingte Bereitschaft zur Unterordnung unter Personen rekurriert.

[167] Die Grundlegung in der Intersubjektivität klingt an bei Hirsch, JZ 1983, S. 5f.

[168] Vgl. auch Kühl, GA 1977, S. 362.

f) Anerkennung des sachgedanklichen Mitbewußtseins

Das als Möglichkeit der Selbstkonstitution bestimmte Unrechtsbewußtsein kann in der Form des sachgedanklichen Mitbewußtseins auftreten. Dies ist auch der Regelfall, da das Bewußtsein eines Anerkennungsverhältnisses entsprechend seiner Bildung in einem praktischen Vermittlungsprozeß in der Entscheidungssituation vom Subjekt auch als praktische Kategorie aktualisiert wird und nicht im Sinne eines unmittelbaren Sprachdenkens. Einer solchen Aktualisierung stände meistens auch die Erkenntnis entgegen, daß das Unrechtsbewußtsein kein Gegenstandsbewußtsein ist und eine sprachgedankliche Aktualisierung in der Komplexität mancher Tatsituation unmöglich wäre. Das sachgedanklich vermittelte Unrechtsbewußtsein ist daher ein Fall des dem Schuldgrundsatz gemäßen aktuellen Unrechtsbewußtseins im Sinne aktueller Kenntnis der als praktische Kategorie vermittelten Norm[170].

Ausgehend von dieser grundsätzlichen Anerkennung sachgedanklichen Mitbewußtseins ist allerdings bei der Anwendung dieser rechtlichen Kategorie stets zu bedenken, daß es sich auch bei dieser implikativen Form des Erkennens um eine vom Subjekt tatsituativ zu leistende Synthesis in bezug auf die Einbeziehung der tatsituativ vermittelten Momente der Erkennbarkeit handelt. Daher ist eine Eindeutigkeit der Tatsituation für eine Anwendung der Figur des Mitbewußtseins zu fordern, die dem Subjekt aufgrund vergangener Erlebnisse den fraglichen Bewußtseinsinhalt zwingend vermittelt[171]. Die Lehre vom sachgedanklichen Mitbewußtsein darf nicht zu Unterstellungen von Bewußtseinsinhalten mißbraucht werden. Eine Tendenz dazu besteht[172].

g) Anerkennung des bedingten Unrechtsbewußtseins

Auch das bedingte Unrechtsbewußtsein ist dem Schuldgrundsatz gemäßes aktuelles Unrechtsbewußtsein, bei dem der Täter das Verbotensein seines Handlungsprojekts für möglich hält und es gleichwohl durchführt. Das Strafgesetz setzt nicht voraus, daß der Täter die Verletzung eines Anerkennungsverhältnisses als sicher annimmt. Seine Rechtsfolgen können und müssen vielmehr bereits dann eintreten, wenn der Täter eine Verletzung für möglich hält[173]. Dies beruht auf der absoluten Wirkung des Strafgesetzes, das eine

---

[169] Dieser Zusammenhang ist es, der Kant veranlaßt, eine rein empirische Rechtslehre als hirnlos zu bezeichnen, vgl. Dreier, S. 9, 25. Die Beliebigkeit der Ergebnisse zeigt sich bei der Würdigung der Präferenztheorie, die ohne Auflösung des Wertbegriffs (Podlech, S. 12) nur die äußere Seite eines Entscheidungsprozesses betrachtet, Podlech, Wertentscheidungen, insbesondere S. 27f.; zur Unverbindlichkeit der Ergebnisse vgl. auch Geismann, S. 33.

[170] Im Ergebnis so auch Horn, S. 43, 53f.

[171] Vgl. Köhler, GA 1981, S. 292ff.

[172] Vgl. BayObLG, NJW 1977, S. 1074.

Verletzung des geschützten Anerkennungsverhältnisses ungeachtet des Grades des Verletzungswissens verbietet, und unter Strafe stellt, wenn ein Verletzungswissen nur überhaupt gegeben ist.

Damit ergibt sich, daß die Beurteilung des Wissens um das Verbotensein der Tat denselben Maßstäben folgt, die für das Wissen um die Verwirklichung des Tatbestandes gelten[174]. Ebenso wie beim bedingten Vorsatz das Ernstnehmen der Möglichkeit der Tatbestandsverwirklichung auf der intellektuellen Seite des Vorsatzes ausreicht, genügt auch das Ernstnehmen der Möglichkeit des Verbotenseins zur Begründung des Unrechtsbewußtseins. Dies ist allerdings auch im Sinne einer notwendigen Bedingung erforderlich. Der Begriff des bedingten Unrechtsbewußtseins entspricht damit weitgehend dem Begriff des bedingten Vorsatzes. Auch das bedingte Unrechtsbewußtsein setzt auf der Grundlage des Willensschuldbegriffs eine willentliche Verletzung eines Anerkennungsverhältnisses voraus. Dies setzt neben dem intellektuellen Element des Zweifels ein Ernstnehmen der Verletzungsmöglichkeit voraus[175]. Diese Anforderung ist nicht erfüllt, wenn der Handelnde in der Tatsituation auf das Erlaubtsein des Handlungsprojekts vertraut, auch wenn er daran zweifelt, denn hierin liegt nicht die willentliche Verletzung eines Anerkennungsverhältnisses.

h) „Potentielles" Unrechtsbewußtsein

Zu betrachten ist weiterhin das potentielle Unrechtsbewußtsein[176]. Gemeint ist damit, daß der Handelnde zum Tatzeitpunkt nicht um die Verletzung eines geschützten Anerkennungsverhältnisses wußte, er dieses Wissen aber hätte erlangen können und müssen.

Bei genauer Betrachtung stellt sich heraus, daß mit der Bezeichnung potentielles Unrechtsbewußtsein zwei verschiedene Fallgruppen erfaßt werden, und zwar die Fälle des direkten Verbotsirrtums, in denen der Täter von keiner Norm weiß, die sein Verhalten betrifft und sich daher rechtlich unbefangen verhält sowie die Fälle des indirekten Verbotsirrtums, in denen der Täter zwar weiß, daß sein Tun grundsätzlich verboten ist, aber eine ausnahmsweise Erlaubnis annimmt.

---

173 Herrschende Meinung vgl., allerdings mit anderer Begründung, Rudolphi, Vermeidbarkeit, S. 121; H.-W. Schünemann, NJW 1980, S. 739; Warda, FS Welzel, S. 505f.; Horn, S. 34ff.; Armin Kaufmann, ZStW 70 (1958), S. 83ff.; Kunz, GA 1983, S. 463ff.; Lackner, § 17 Anm. 2c; RGSt 70, 142; BGHSt 4, 1 (4); BayObLG GA 1956, S. 127; OLG Düsseldorf MDR 1984, S. 866. Zur Möglichkeit der Strafmilderung Warda, FS Welzel, S. 510. Diese kann nach dem Gesagten aber nur im Rahmen der Strafzumessung wirksam werden.

174 Ebenso Rudolphi, Vermeidbarkeit, S. 171f.

175 So auch BGH JR 1952, S. 285; BGHSt 4, 1 (4f.).

176 Bezeichnung von Schmidhäuser, FS Mayer, S. 317; AT 10/97.

Da in diesen Fällen kein aktuelles Unrechtsbewußtsein vorliegt, scheint zunächst eine Bestrafung nach dem Schuldprinzip, das das Bewußtsein der Rechtswidrigkeit fordert, nicht zulässig. § 17 2 StGB sieht indessen dennoch eine Bestrafung vor. Die Vereinbarkeit dieses Gesetzes mit dem Schuldprinzip und seine Überprüfung am Maßstab der bisher gewonnenen Erkenntnisse muß indessen noch zurückgestellt werden, da es hier zunächst um die Klärung der Voraussetzungen der Tatbegehung mit aktuellem Unrechtsbewußtsein geht. Auf diese Fallgruppe wird später aber noch zurückzukommen sein.

2. Auswirkungen der gewonnenen Erkenntnisse auf die Straftatstruktur

Die durch die Ableitung des Unrechtsbewußtseins aus dem Begriff der Person bisher gewonnenen Erkenntnisse haben Auswirkungen auf die Struktur der Straftat, die im folgenden betrachtet werden sollen.

a) Ableitung der Sollensnorm als Schutz von Anerkennungsverhältnissen (Rechtsgütern)

Es wurde bereits ausgeführt, daß die Strafrechtsnorm als verbotskonstituierende Sollensnorm ausschließlich als Schutz eines konkreten Anerkennungsverhältnisses eine Berechtigung hat[177]. Die Beziehung zwischen Anerkennungsverhältnis und Strafnorm ist nun genauer zu betrachten.

aa) Bezogensein auf ein konkretes Anerkennungsverhältnis

Die Strafrechtsnorm muß in mehrfacher Hinsicht auf das von ihr geschützte Anerkennungsverhältnis bezogen sein.

(1) Objektives Bezogensein

Es ist bereits dargelegt worden, daß zwischen der Norm und dem von ihr geschützten Anerkennungsverhältnis eine Interdependenz besteht[178]. Unter Berücksichtigung der Normgenese ergibt sich damit, daß die Norm objektiv auf das Anerkennungsverhältnis bezogen, und daß dieses in der Norm gegenwärtig ist. Die Vergegenwärtigung des Anerkennungsverhältnisses in der Norm findet in verschiedener Weise statt, die von der Ausprägung der Norm als Verletzungs- oder Gefährdungsverbot abhängt. Diese Ausgestaltung hängt wiederum vom Schutzzweck der Norm in ihrer Bezogenheit auf das Anerken-

177 Vgl. oben IV. 6. a), IV. 6. c) bb) (2) (a) (cc) γ) αα) (β).
178 Vgl. oben 1. d).

nungsverhältnis ab. So findet zum Schutz existentieller Anerkennungsverhältnisse wie Leben und Körperintegrität eine Vorverlagerung des Schutzes statt, mit dem Ziel, das Anerkennungsverhältnis nicht nur vor Verletzungen, sondern bereits vor Gefährdungen zu schützen, die eine besondere Verletzungsnähe aufweisen. Hier handelt es sich um die Gefährdungsdelikte.

Die notwendige Folge dieser Vorverlagerung ist eine Entfernung des tatbestandlich vertypten deliktischen Verhaltens von der Verletzung des geschützten Anerkennungsverhältnisses, so daß die objektive Bezogenheit der Norm als Schutznorm auf dieses Anerkennungsverhältnis nicht ohne weiteres aus dem Tatbestand ersichtlich ist. Dies ändert aber nichts daran, daß die objektive Bezogenheit der Norm gegeben ist[179].

Der Tatbestand ist somit ein Typus strafwürdiger Verletzung eines Anerkennungsverhältnisses[180]. Dabei wird unter der Verletzung des Anerkennungsverhältnisses auch die in der beschriebenen Weise stattfindende substantielle Gefährdung verstanden, da auch solches Verhalten den Anspruch der Anerkennung verletzt.

(2) Subjektives Bezogensein

Dem objektiven Bezogensein der Norm auf das Anerkennungsverhältnis muß die innere Seite der Straftat entsprechen. Der Täter muß den Bezug seines Verhaltens zu dem geschützten Anerkennungsverhältnis erkennen.

bb) Kongruenzprinzip

Dies ergibt sich aus der Struktur der vorsätzlich begangenen Straftat.

(1) Ableitung aus dem Bezug

Diese setzt voraus, daß der Täter um die Verletzung eines Anerkennungsverhältnisses durch sein Verhalten weiß. Dieses Wissen erfordert, daß dem Täter der Inhalt des Anerkennungsverhältnisses vor der Verletzungshandlung vermittelt worden ist und er somit an dessen Konstitution als am Vermittlungsprozeß teilhaftiges Subjekt beteiligt war. Erst auf dieser Grundlage kann die vom Täter vorgenommene Verletzungshandlung als Besonderung gegen den von ihm selbst mitkonstituierten allgemeinen Willen und damit als Selbstwiderspruch begründet und erkannt werden[181]. Dieses so konkretisierte Verletzungswissen ist notwendige Bedingung für die Feststellung des Vorsatzes[182].

---

179 Vgl. Gössel, FS Oehler, S. 103; Sax, JZ 1976, S. 11 mit kritischer Anmerkung zum „Nebenstrafrecht" in Fn. 25.

180 Ähnlich Sax, JZ 1976, S. 12.

181 Vgl. Köhler, Begriff, S. 47ff.

(2) Einschränkung des Kongruenzprinzips

Verbreitet wird das Kongruenzprinzip allerdings eingeschränkt. Diese Einschränkung erscheint unter der Bezeichnung Subsumtionsirrtum, bzw. Irrtum über ein normatives Tatbestandsmerkmal[183].

(a) Subsumtionsirrtum/Irrtum über ein normatives Tatbestandsmerkmal

Aus dem Kongruenzprinzip ergibt sich für den Fall der Inkongruenz, d.h. bei Nichtübereinstimmung von äußerer und innerer Tatseite ein Strafbarkeitshindernis. Dieses Ergebnis wird nach verbreiteter Auffassung dann vermieden, wenn die Inkongruenz auf einen Subsumtionsirrtum zurückzuführen ist.

Ein solcher soll dann vorliegen, wenn der Täter ein Unrechtsmerkmal seinem Begriff nach erkannt hat und nur irrtümlich meint, dieses sei vom Wortlaut des gesetzlichen Tatbestandes nicht umfaßt[184]. In diesem Fall wird der Täter nach gängiger Auffassung trotz des fehlenden Vorsatzes bestraft, da er trotz seines Irrtums „Kenntnis ... der sachlichen Bedeutung des in Frage stehenden Tatumstandes“[185] gehabt habe. Eine Ausnahme von dieser Ausnahme soll aber nach der verbreiteten Terminologie dann gelten, wenn sich der Irrtum auf ein normatives Tatbestandsmerkmal bezieht. In diesem Falle wird nicht, wie bei deskriptiven Tatbestandsmerkmalen, der sogenannte Subsumtionsirrtum für unbeachtlich gehalten, da bei normativen Tatbestandsmerkmalen neben die bloße Faktenkenntnis die „Erfassung des rechtlich-sozialen Bedeutungsgehalts des Tatumstands nach Laienart“[186] verlangt wird. Diese Vorstellung des Täters wird unter der Bezeichnung „Parallelwertung in der Laiensphäre“ allgemein bei normativen Tatbestandsmerkmalen vorausgesetzt[187]. Exemplifiziert wird diese Irrtumsstruktur verbreitet mit der Konstellation, daß der Dieb als Miteigentümer des Stehlgutes irrig annimmt, § 242 StGB schütze nur Alleineigentum, nicht aber das Miteigentum[188]. Ferner wird der Fall des Luftablassens aus den Reifen eines Kfz angeführt, in dem der Täter fälschlich kein Beschädigen im Sinne von § 303 StGB sieht[189]. Gegen

---

[182] Vgl. Bernd Schünemann, Parteispenden, S. 54; Walter, Zurechnung, S. 152f.; Lampe, S. 208. Das Kongruenzprinzip ist im deutschen Strafrecht grundsätzlich allgemein anerkannt, vgl. LK-Schroeder, § 16 Rdn. 3ff.

[183] Vgl. LK-Schroeder § 16 Rdn. 41; Dreher/Tröndle § 16 Rdn. 11.

[184] Schönke/Schröder/Cramer § 15 Rdn. 43 mit weiteren Nachweisen; Dreher/Tröndle, ebd.

[185] Maurach-Zipf, S. 320; Schönke/Schröder/Cramer, ebd.

[186] Wessels, AT, S. 73.

[187] Dreher/Tröndle, § 16 Rdn. 11 m.w.N.

[188] BGHSt 3, 123; Schönke/Schröder/Cramer, § 15 Rdn. 44.

[189] Wessels, AT, S. 72f.

diese Sicht der Dinge bestehen indessen Bedenken. Die nach der verbreiteten Ansicht erforderliche Unterscheidung deskriptiver und normativer Tatbestandsmerkmale stößt auf erhebliche Schwierigkeiten[190].

(b) Ununterscheidbarkeit von normativen und deskriptiven Tatbestandsmerkmalen

Die Differenzierung von deskriptiven und normativen Tatbestandsmerkmalen geht auf den Maßstab der Unterscheidung von sinnlich wahrnehmbaren und nur aufgrund von Normkenntnis erfaßbaren Merkmalen zurück[191]. Gegen diese Differenzierung wird geltend gemacht, sie sei undurchführbar, da deskriptive Merkmale auch normative Komponenten hätten[192] und umgekehrt[193]. Teilweise wird aus den gewonnenen Erkenntnissen auch die Konsequenz gezogen und die Unterscheidung insgesamt aufgegeben[194].

Die gegen die Unterscheidung vorgebrachte Kritik greift durch. Selbst bei allgemein für deskriptiv gehaltenen Merkmalen wie etwa „Wild" im Sinne von § 292 StGB oder „Sache" in § 303 StGB reicht das bloße sinnliche Wahrnehmen nicht aus, die Verletzung des von der Norm geschützten Anerkennungsverhältnisses zu erfassen. So ist es nicht möglich, ein bestimmtes Tier ohne weiteres als dem Schutzbereich von § 292 StGB zugeordnet zu identifizieren[195]. Ebenso ist es dem Laien nicht ohne weiteres verständlich, daß ein Hund oder eine Katze auch „Sachen" im Sinne des Gesetzes sind. Bereits diese Erwägungen zeigen, daß eine scharfe Trennung von normativen und deskriptiven Tatbestandsmerkmalen nicht durchführbar ist.

Daraus ergibt sich, daß die auf diese Unterscheidung gegründeten Ableitungen das Kongruenzprinzip als solches in Frage stellen, da sie über den eigentlichen Bereich ihrer geforderten Anwendung relevant werden. Durch die darin angelegte Gefahr der Verallgemeinerung droht die Aufhebung des Kongruenzprinzips an sich. Zwar erscheint es nicht möglich, dieses grundlegende Prinzip des Bezogenseins als Voraussetzung der vorsätzlichen Straftatbegehung ausdrücklich aufzugeben; es kann aber durch Ausnahmen aufgeweicht und ausgehöhlt werden. Diese Gefahr droht um so mehr als die verlangten

---

[190] Vgl. Schönke/Schröder/Lenckner, vor § 13 Rdn. 64.

[191] Vgl. Engisch, FS Mezger, S. 147.

[192] Stratenwerth, AT, Rdn. 258; Ebert, StR, S. 40; Schmidhäuser, StuB, 3/75; S/K-Rudolphi, § 16 Rdn. 21; Schmidhäuser, AT, 10/54 Fn. 28; Lenckner, JuS 1968, 256; Haft, JuS 1975, S. 480f.

[193] Schönke/Schröder/Cramer, § 15 Rdn. 17ff.; Jescheck, S. 116.

[194] Dopslaff, GA 1987, S. 1; Stratenwerth, AT, Rdn. 269; die Tendenz zum Verzicht auf die Unterscheidung findet sich auch bei Schönke/Schröder/Lenckner vor § 13 Rdn. 64.

[195] Vgl. Kuhlen, S. 443; Dreher/Tröndle, § 292 Rdn. 4 zählt Vorschriften auf, aus denen sich das Tatbestandsmerkmal erschließt.

Ausnahmen ihrerseits nicht scharf umschrieben sind, so daß sie restriktiv handhabbar wären. Vielmehr erscheinen diese Ausnahmen als Einbruchstellen, die der Erweiterung zugänglich sind. Der festgestellten mangelnden Trennschärfe entspricht auch eine uneinheitliche und kaum noch auf einen Maßstab zurückführbare Kasuistik in der Rechtsprechung[196]. Die Ergebnisse scheinen willkürlich nach dem jeweils empfunden Maß der Strafbedürftigkeit begründet. So kann aufgrund von Strafbarkeitserwägungen ein normatives in ein deskriptives Merkmal umgedeutet werden, mit der Folge, daß für eine Bestrafung die bloße Tatsachenkenntnis des Täters ausreicht, ohne daß es auf eine von ihm vorzunehmende Bewertung ankommt. Dieser Unsicherheitsfaktor wird dadurch noch zusätzlich verstärkt, daß eine solche Änderung als Richterrecht derzeit ohne weitere Ankündigung, und ohne daß die Änderung dem Adressatenkreis vermittelt worden wäre, möglich ist.

Diese Lage ist mit der aus der hier durchgeführten Ableitung des Rechts aus der Interpersonalität nicht vereinbar, da es danach gerade auf die Bedeutungskenntnis der Norm durch den Täter entscheidend ankommt.

(c) Unbestimmtheit der Kategorie

Außerdem ist durch die bezeichneten Abgrenzungsschwierigkeiten das Bestimmtheitserfordernis verletzt (Art. 103 II GG), da in derartigen Fällen die Strafbarkeit eines konkreten Verhaltens kaum noch vorhersehbar ist. Dies wiegt um so schwerer deshalb, weil die Fälle, in denen die nicht zu leistende Abgrenzung zwischen deskriptivem und normativem Tatbestandsmerkmal und zwischen der entsprechenden Irrtumskategorie relevant wird, keineswegs als selten oder exotisch bezeichnet werden können[197].

Dem kann auch nicht entgegengehalten werden, das Bestimmtheitsgebot reduziere sich praktisch weitgehend auf die Überprüfung der Willkürfreiheit einer bestimmten Rechtsanwendung, während das Erfordernis der Voraussehbarkeit der Bestrafung in den Hintergrund trete[198]. Zunächst bestehen gegen eine solche Reduzierung des Bestimmtheitsgebots Bedenken im Hinblick auf die Struktur des Gesetzes als Sollensnorm[199].

Selbst wenn diese Bedenken zurückgestellt werden, ergibt sich aber, daß die kritisierte Unterscheidung wegen der soeben dargelegten Gefahr der Umdefinition von Merkmalen diese der willkürfreien Nachprüfung praktisch entzieht, da jedes gewünschte Ergebnis begründbar ist. Trotz sprachwissenschaftlich scharfsinniger Eingrenzung der Reichweite von deskriptiven und normati-

---

196 Dies wird deutlich im Kommentar von Dreher/Tröndle, § 16 Rdn. 11.

197 Vgl. wiederum die Kasuistik bei Dreher/Tröndle, § 16 Rdn. 11.

198 Dopslaff, GA 1987, S. 4.

199 Vgl. oben IV. 6. c) bb) (2) (a) (cc) c) aa).

ven Tatbestandsmerkmalen[200] bleibt damit festzuhalten, daß die Kategorie dem Bestimmtheitsgebot nicht genügt, da trotz aller scharfsinnigen Konkretion eine unbestimmte Kategorie an die Stelle der anderen gesetzt wird. Die wissenschaftlich verdienstvolle Abstraktion ist nicht geeignet, die festgestellte Willkürgefahr auszuräumen.

Die oben ausgeführte Gefahr für das Kongruenzprinzip hat sich realisiert.

(3) Materieller Vorsatzbegriff

Bei der Würdigung der diskutierten Zusammenhänge nach dem in der Untersuchung entwickelten Maßstab der Interpersonalität erweist sich das Problem als Scheinproblem[201]. Gemäß dem Kongruenzprinzip liegt der Vorsatz dann vor, wenn der Täter weiß, daß er mit seinem Verhalten das von der Norm geschützte Anerkennungsverhältnis verletzt. Dabei setzt dieses materiell-konkrete Verletzungswissen voraus, daß der Täter den sozialen Sinngehalt der Tatumstände erfaßt hat[202] und ihm derart das Verletzungswissen in seiner Besonderheit bezogen auf die jeweilige Konkretion des Anerkennungsverhältnisses gegenwärtig war. Der Vorsatz in diesem Sinne ist damit nicht ein nur psychologisches Merkmal, sondern er hat bereits eine normative Dimension[203]. Vom Unrechtsbewußtsein unterscheidet er sich dadurch, daß dieses das Verletzungswissen in der Allgemeinheit der Verletzung, das Wissen um die Mißachtung des Anerkennungsverhältnisses in seiner Abstraktheit unter Berücksichtigung des Gemeinschaftsaspektes und der daraus resultierenden Störung des Gemeinschaftsfriedens bedeutet[204].

Es ergibt sich, daß auch die innere Tatseite als Konkretisierung der Norm auf die Täterpsyche bezogen sein muß. Dabei ist es nicht erforderlich, daß der Täter in den Begriffen des Gesetzes denkt und danach handelt. Es ist vielmehr in der Regel so, daß er dies nicht tut und in seinen eigenen Dimensionen die von ihm vollzogene Verletzung eines konkretisierten Anerkennungsverhältnisses, meist sachgedanklich vermittelt, wertend erlebt. Wenn dieser Bewußtseinsinhalt mit der Norm übereinstimmt, liegt eine vorsätzliche Verletzung vor.

---

200 Vgl. Kindhäuser, JurA 1984, S. 475.

201 Vgl. zur Entstehung und Ursachen des Scheinproblems Arthur Kaufmann, Schuldprinzip, S. 130ff., insbes. S. 135; ders., Unrechtsbewußtsein, S. 61ff., 117ff.; Parallelwertung, S. 8 Fn. 19.

202 Vgl. Arthur Kaufmann, Schuldprinzip, S. 135.

203 Vgl. ebd.

204 Ähnlich auch Arthur Kaufmann, Unrechtsbewußtsein, S. 142ff., Schuldprinzip, S. 131f.

(a) *Einwände gegen die materielle Bestimmung des Vorsatzes*

Gegen die hier dargestellte materielle Bestimmung des Vorsatzes werden Einwände vorgebracht. Diese basieren auf der Forderung, den Vorsatz nicht an der Tätervorstellung, sondern am Wortlaut des Gesetzes anknüpfend zu bestimmen. Zur Begründung werden verschiedene Argumente vorgebracht, die im folgenden gewürdigt werden sollen:

(aa) Keine intersubjektive Verbindlichkeit

Es wird bestritten, daß die materielle Sichtweise es ermögliche, das hinter der positiven Norm stehende Anerkennungsverhältnis „mit einer intersubjektiven Verbindlichkeit zu ermitteln“[205].

Oben[206] ist dargelegt und begründet worden, weshalb die bestrittene intersubjektive Verbindlichkeit besteht. Auf dieser Grundlage ist festzuhalten, daß auch in der materiellen Ordnung die Tatbestände des besonderen Teils in Form von Anerkennungsverhältnissen gegenwärtig sind[207]. Diese finden sich zwar nicht in der gesetzlichen Formulierung, wohl aber im materiellen Gehalt. Auch die von der Gegenmeinung angeführten §§ 105, 144 und 329 StGB[208] sind als derartige Anerkennungsverhältnisse ausgeprägt. Es werden hier keine Bedenken getragen, davon auszugehen, daß der Täter des § 105 StGB weiß, daß die Anwendung von Nötigungsmitteln gegen ein dort erfaßtes Angriffsobjekt eine besondere Bedeutung hat, daß er weiß, daß die Verleitung zur Auswanderung unter den Bedingungen des § 144 StGB die Freiheitssphäre des Geschädigten beeinträchtigt, wobei hier nicht verhehlt werden soll, daß der Sinn der Vorschrift in heutiger Sicht zweifelhaft sein kann. Ebenso ist, insbesondere mit Rücksicht auf das gerade in jüngster Zeit entwickelte Umweltbewußtsein, davon auszugehen, daß die Täter des § 329 StGB das von ihnen beeinträchtigte Anerkennungsverhältnis kennen. Zwar sind die Modalitäten der Bestrafung wegen der in der Vorschrift enthaltenen dynamischen Verweisungen nicht bedenkenfrei, das ändert aber nichts daran, daß das in der Vorschrift geschützte Anerkennungsverhältnis des Schutzes besonders gefährdeter Umweltteile allgemein gegenwärtig ist. Einer „gigantischen ‚Parallelaktion‘ zum geltenden Recht“[209] bedarf es also nicht.

Aus der nachgewiesenen intersubjektiven Verbindlichkeit ergibt sich auch, daß es für die Beurteilung der materiellen Perspektive nicht auf die eigene

---

[205] Kuhlen, S. 443.

[206] Vgl. oben IV. 6. c) bb) (2) (a) (aa), IV. 6. c) bb) (2) (a) (cc) α) ββ).

[207] So auch Arthur Kaufmann, Parallelwertung, S. 10 und bereits JZ 1956, S. 394.

[208] Kuhlen, S. 266.

[209] Ebd.

Perspektive als absolute Bewertungsinstanz ankommt, sondern auf die dem Subjekt vermittelte Anerkennung der Gemeinschaft. Deshalb führt die materielle Perspektive auch im Falle des Überzeugungstäters zur Strafbarkeit, da diesem der Verstoß seines Verhaltens gegen die Gemeinschaftsordnung bewußt ist und er daher das Verletzungswissen hat. Davon zu unterscheiden ist der Fall der obsoleten Norm. Hier hat der Handelnde in Übereinstimmung mit der Gemeinschaft – darin liegt der Unterschied zum Überzeugungstäter – kein Verletzungswissen, weil es an dem dafür erforderlichen Verbot fehlt[210]. Diese Zusammenhänge werden verkannt, wenn die Fälle der obsoleten Norm und des Überzeugungstäters in eins gesetzt werden[211].

(bb) Rechtsunsicherheit

Ferner wird die materielle Bestimmung, wenn sie möglich wäre, als im Verhältnis zur formellen Sichtweise zu unbestimmt abgelehnt[212]. Es wird zwar eingeräumt, daß auch die Auslegung formeller Tatbestandsmerkmale mit Unsicherheiten behaftet sei, diese seien aber geringer[213].

Dieser Einwand reduziert sich, vordergründig betrachtet, auf eine Bewertung der den jeweiligen Verfahren innewohnenden Unsicherheitsfaktoren. Entscheidend ist aber, daß das angebliche, hier bestrittene Mehr an Sicherheit im Subsumtionsvorgang durch eine Fiktion erkauft wird, und zwar durch die Fiktion, der Täter denke in den Kategorien des Rechtsanwenders. Die Argumentation geht also fehl, indem sie für die Bestimmung der strafrechtlichen personalen Zurechnung am Beurteilungsvorgang des Rechtsanwenders anknüpft und eine behauptete höhere Sicherheit in diesem Vorgang zur Begründung nimmt, die dafür relevanten Kategorien auch der Beurteilung der Täterpsyche zugrunde zu legen.

Die Schwierigkeiten, die sich aus der Prüfung der Vermitteltheit der Norm im konkreten Einzelfall ergeben, können nicht, schon gar nicht aus Vereinfachungsgründen[214], die Fiktion rechtfertigen, der Handelnde denke in den Begriffen des Gesetzes. Diese ist, was teilweise offen eingeräumt wird, nur haltbar unter Ignorierung, bzw. Verleugnung der „rechtsphilosophischen ‚Ableitung'"[215] des Normgeltungsanspruchs. Das wiederum kann nicht akzeptiert werden, und zwar nicht deshalb, weil dem Verfasser dieser Untersuchung die Ergebnisse der Gegenmeinung nicht gefallen[216], oder weil seines Erach-

---

210 Vgl. oben IV. 6. c) bb) (2) (a) (cc) γ) ββ).

211 So Kuhlen, S. 269, der die von ihm gebildeten Fälle 5 und 11 gleichsetzt und verkennt, daß in Fall 11 die Norm obsolet ist, so daß Straflosigkeit eintreten muß.

212 Ebd., S. 443.

213 Ebd., S. 267.

214 In diesem Sinne aber ebd., S. 468f., 477.

215 Ebd., S. 476.

216 Vgl. aber die Begründung ebd.

tens etwas „sehr fundamental"[217] ist, sondern wegen der sich aus der rechtsphilosophischen Ableitung ergebenden Konsequenzen, die, wie ausgeführt, aus sich heraus unabhängig von individuellem Erachten Geltung beanspruchen und in der hier interessierenden Frage zwingend zu dem gefundenen Ergebnis führen.

(cc) Strafbarkeitslücken

Gegen die hier vertretene Behandlung des Vorsatzes könnte angeführt werden, sie führe zu nicht hinnehmbaren Strafbarkeitslücken und begünstige den besonders rohen und gesetzlosen Täter[218]. Diese Erwägung findet sich zwar heute überwiegend bei der Erörterung der Schuld, weil die dogmatische Einordnung des Arguments aber von der jeweils vertretenen Straftatsystematik abhängt, ist das Argument an dieser Stelle zu behandeln, da es bereits hier für wirksam gehalten werden könnte.

α) Zum Wert des Arguments

Bevor auf den sachlichen Gehalt eingegangen wird, soll festgehalten werden, daß die Argumentation mit Strafbarkeitslücken unter zwei Gesichtspunkten von begrenztem Wert ist. Zunächst ist hervorzuheben, daß das Argument an den Folgen der Bildung von Kategorien der Strafbarkeit anknüpft, ohne diese selbst in den Blick zu nehmen. In dieser Funktion ist das Argument daher nur als Zwischenschritt von Wert, der zu einer Überprüfung der Bildung der Kategorien führen kann. Dem Argument kommt aber kein eigener Begründungswert zu, da das Strafbedürfnis, auf das das Argument zurückzuführen ist, keine Strafbegründungsfunktion hat.

Diese Erwägung führt zu dem zweiten Gesichtspunkt, der den Wert des Arguments relativiert, denn die Natur des Strafrechts ist, wie gesehen fragmentarisch, und zwar zwingend fragmentarisch. Wegen der intersubjektiv divergenten Strafbarkeitsbedürfnisse ist die Argumentation mit der Strafbarkeitslücke naheliegend. In diesem Zusammenhang ist daher in der Auseinandersetzung mit dem Argument die Bildung und Anwendung der betroffenen straftatsystematischen Kategorien zu überprüfen, wobei besonders auf die aus der Ableitung des Gesetzes sich ergebenden Kategorien der Bestimmtheit im Sinne der Widerspruchsfreiheit Bedacht zu nehmen ist. Wird dabei Straflosigkeit festgestellt, ist die Strafbarkeitslücke, wenn sie besteht, entweder de lege ferenda zu schließen, wenn dies mit den dem Strafrecht vorgegebenen aus seiner Ableitung resultierenden Kategorien vereinbar ist, oder sie muß hingenommen werden.

---

[217] Ebd.

[218] Vgl. ebd., S. 443.

β) Zur Sache

Danach ist hier straftatsystematisch zwischen dem Verletzungswissen und dem Bewußtsein der Rechtswidrigkeit zu unterscheiden. Letzteres erfordert im Gegensatz zum Verletzungswissen eine auf die Beurteilung der Gemeinschaft bezogene wertende Vorwegnahme der Beurteilung des eigenen Verhaltens. Diese normative Antizipation hängt von einer Vielzahl von Faktoren, unter anderem von der Sozialisation des Handelnden, ab, die zur Defizienz dieses Bewußtseins führen können.

Das Bewußtsein der Verletzung eines Anerkennungsverhältnisses dagegen erschöpft sich in der Bewertung des eigenen Verhaltens durch den Handelnden selbst. Dieser Bewertungsvorgang ist einfacher, denn er beschränkt sich auf die Erkenntnis des selbstwidersprüchlichen Verhaltens, ohne daß es aus der Sicht des Handelnden darauf ankommt, was die Gemeinschaft von seinem Verhalten hält. Auch dem verrohten Subjekt, das aus Freude an der Verletzung delinquiert, wird der Selbstwiderspruch auch dann noch zumindest sachgedanklich bewußt, wenn die delinquente Haltung habitualisiert ist, da dem Handelnden die eigene Behandlung in der von ihm vorgenommenen Weise höchst unwillkommen wäre. Der Dieb möchte gerade nicht, daß ihm jemand das Stehlgut oder gar Teile seines Eigentums wegnimmt, der Schläger hält sich zurück, wenn er befürchten muß, an einen Stärkeren geraten zu sein. Damit ist nicht zu erwarten, daß die materielle Bestimmung des Vorsatzes zu ungerechtfertigten Strafbarkeitslücken führt. An den gebildeten Kategorien ist daher festzuhalten.

(dd) Konvergenz

Es wird behauptet, die Unterscheidung zwischen materieller und formeller Perspektive führe nicht zu unterschiedlichen Ergebnissen, da materielle und formelle Normen weitgehend gleich seien[219].

Es mag zutreffen und es ist angesichts des Ableitungszusammenhangs der Normen auch wünschenswert, daß materielle und formelle Ordnung konvergieren. Daraus kann aber nicht, selbst nicht im Falle der Kongruenz, die unter Berücksichtigung der störanfälligen Vermittlungserfordernisse als Utopie erscheint, geschlossen werden, daß die formelle Sichtweise vorzugswürdig ist. Das Argument stellt die beiden Ordnungen einander vielmehr als gleichrangig gegenüber und wirft damit die Frage nach der Vorzugswürdigkeit auf, ohne von Wert für deren Entscheidung zu sein. Anhaltspunkte dafür ergeben sich aber aus den zur Begründung herangezogenen Ausführungen von Vertretern der auch hier zugrunde gelegten materiellen Sichtweise[220]. Die Begründung

---

[219] Ebd., S. 263.

[220] Schmidhäuser, Zwei Rechtsordnungen, S. 17f.

für die Konvergenz liegt in der Entstehung und Ableitung der Normen, die in der materiellen Vorstellung des einzelnen ihren Ursprung nehmen und dann erst in staatlicher Positivierung fixiert werden. Damit sind die Normen trotz ihrer formellen Positivierung auch in der Vorstellung des einzelnen als materielle Norm gegenwärtig, wobei die formelle Ordnung auf diese Vorstellung zwar einwirkt, sie aber nicht bestimmt.

Für die materielle Betrachtung spricht also, daß sie von der wirklichen Vorstellung des Subjekts ausgeht und nicht von der Fiktion der in diese Vorstellung transponierten formellen Ordnung, um die dann festgestellten Ungereimtheiten mit dem Korrektiv des Verbotsirrtums abzuschwächen, wobei dem Subjekt die Gefahr für defiziente Vermittlung der Norminhalte auferlegt wird[221].

Auch die als Argument herangezogene „‚lockere' Handhabung von Zuordnungsregeln"[222] kann nicht als Begründung für eine formelle Sichtweise durchschlagen, sondern ist Ausdruck der dargestellten Mängel und zeigt in ihrer leerformelhaften Unschärfe die Begründungslosigkeit der Gegenmeinung.

(ee) Ungleichbehandlung von äußerer und innerer Tatseite

Die Ermittlung des objektiven Tatbestandes nach dem Gesetzeswortlaut und die Bestimmung der inneren Tatseite nach materiellen Kriterien wird für widersprüchlich gehalten[223].

Dieser Einwand hat zunächst eine scheinbare systematische Evidenz für sich, greift aber ins Leere, da entsprechend dem Kongruenzprinzip auch die äußere Tatseite materiell bestimmt wird. Diese materielle Bestimmung der äußeren Tatseite begründet gerade wegen des Kongruenzprinzips die Notwendigkeit, auch die innere Tatseite materiell zu bestimmen. Im Wege der Auslegung kann aus der positivierten Norm des Gesetzes das darin geschützte Anerkennungsverhältnis materiell erschlossen werden.

Dies setzt allerdings die Rechtmäßigkeit der Norm voraus. Daher geht das von Kuhlen angeführte Mauswiesel-Beispiel fehl[224]. Dort handelt es sich, da das Mauswiesel nicht (mehr) jagdbar ist, bei dem konstruierten § 292 StGB um eine rechtswidrige Norm, in Form des Unterfalls der obsolet gewordenen Norm. Diese ist Norm nur im formellen, nicht im materiellen Sinne, da sie kein konkretes Anerkennungsverhältnis schützt.

---

221 Vgl. Kuhlen, S. 263 und die bereits dargestellte restriktive Behandlung des Verbotsirrtums in der Praxis.

222 Ebd., S. 264.

223 Ebd.

224 Ebd., S. 443.

Es ergibt sich, daß nach der materiellen Vorsatzbestimmung äußere und innere Seite des Unrechts gleich behandelt werden.

(ff) Widerspruch zum objektiven Recht

Schließlich wird der materiellen Sichtweise vorgeworfen, sie setze sich über das geltende Recht hinweg, indem sie einen neuen außergesetzlichen Tatbestand bilde[225].

Auch hier wird die Struktur des Gesetzes als Rechtsgüterschutz verkannt. Bei Berücksichtigung des oben ausgeführten Ableitungszusammenhangs des Gesetzes aus der Interpersonalität[226], erhellt, daß bei der materiellen Betrachtung nicht ein neuer Tatbestand gebildet, sondern ein vorhandener Tatbestand erschlossen wird. Das Erfordernis dieses Umwegs ist Folge der Unmöglichkeit, jedes konkrete Verletzungsverhalten zu positivieren. Dadurch ist die gesetzliche Typisierung abstrakter Bedingungen typischen Verletzungsverhaltens veranlaßt. Aus dieser abstrakten Typisierung kann in den durch zulässige Auslegung gezogenen Grenzen der materielle Unrechtstatbestand erschlossen werden[227]. Das aus der willentlichen Verletzung begründete, auf diese bezogene Kongruenzerfordernis ist oben[228] abgeleitet worden.

(b) Ergebnis

Als Ergebnis der Würdigung der gegen die hier entwickelte Bestimmung des Vorsatzes vorgetragenen Einwände ist festzustellen, daß diese nicht durchgreifen. Sie vermögen die aus der Entwicklung des Rechts und damit auch der darauf bezogenen Tätervorstellung aus dem Begriff der Person und der Interpersonalität begründeten Ergebnisse nicht zu entkräften. Vielmehr hat sich erwiesen, daß die Argumente der Gegenmeinung in das hier entwikkelte System sinnvoll integriert werden konnten, denn die Gegenargumente haben sich als auf einem Mißverständnis der das Bewußtsein bildenden Vermittlungszusammenhänge beruhend erwiesen. Sie haben jeweils die Betrachtung nur eines Ausschnitts dieses Zusammenhanges zur Grundlage, der sich wegen der dialogischen Struktur des Erkenntnisprozesses vom abstrakten Anerkennungsverhältnis über die konkrete positivierte Norm zurück zum abstrakten aber materiell konkretisierten Bewußtsein des Täters scheinbar in das entspechende materielle Bild nicht einfügen ließ.

---

[225] So mißverständlich Montenbruck, ZStW 84 (1972), S. 336.

[226] Vgl. oben IV. 6. c) bb) (2) (a) (aa).

[227] In diesem Sinne auch Schroeder, GA 1979, S. 325.

[228] Vgl. oben IV. 6. c) bb) (2) (a) (cc) γ).

Zusammenfassend ist festzuhalten, daß die Feststellung des Vorsatzes an der Vorstellung des Täters, der zur Tatzeit, selbst als geschulter Jurist, regelmäßig nicht in den Begriffen des Gesetzes denkt, anzusetzen hat[229]. Läßt sich bei dieser Betrachtung feststellen, daß er das von der in Frage stehenden Norm geschützte Anerkennungsverhältnis gekannt und damit um dessen Verletzung durch sein Verhalten gewußt hat, liegt der darauf bezogene Vorsatz vor.

Weiter ist festzuhalten, daß es der Sache nicht förderlich ist, zwischen deskriptiven und normativen Tatbestandsmerkmalen zu unterscheiden. Zwar könnte man ein Merkmal als deskriptiv bezeichnen, wenn seine wertfreie Betrachtung im Gesetzeswortlaut mit der Vorstellung seines normativen Bedeutungsgehaltes übereinstimmt, damit wäre aber in der Sache nichts gewonnen[230]. Dies ist darauf zurückzuführen, daß diese Kongruenz eine fiktive, weil schematische ist. Bei der Vielgestaltigkeit der materiellen Normen in der subjektiven Perspektive, auf die es hier ankommt, kann es stets nur um eine Übereinstimmung im Hinblick auf den Schutz eines Anerkennungsverhältnisses gehen. Eine solche Vorstellung ist aber notwendig normativ begründet. Bei dem mit den hier diskutierten Begriffen verfehlt bezeichneten Problem handelt es sich um verschiedene Grade der Auslegungsbedürftigkeit eines Tatbestandsmerkmals[231]. Da es sich dabei um eine stufenlose Variable handelt, verbietet sich eine Klassifikation.

Damit ergibt sich, daß die Unterscheidung nach deskriptiven und normativen Tatbestandsmerkmalen in der Sache nichts bringt, sondern dieser vielmehr schadet, indem sie die oben ausgeführten Gefahren für das Bestimmtheitserfordernis begründet. Es wird von der Würdigung des entscheidenden Vermittlungszusammenhangs, der das festzustellende Verletzungswissen des Täters begründet und auch zur Auslegung heranzuziehen ist, abgelenkt. Deshalb ist die Unterscheidung aufzugeben.

b) Anforderungen an die Unrechtsseite der Straftat

Zusammenfassend können die aus den erkannten Zusammenhängen folgenden Anforderungen an die Unrechtsseite der Straftat bezeichnet werden.

---

[229] Vgl. in diesem Zusammenhang Arthur Kaufmann, Parallelwertung, S. 40f., der das Problem zwar beim Unrechtsbewußtsein behandelt, aber zum gleichen Ergebnis kommt.

[230] Vgl. Schmidhäuser, AT, 8/10.

[231] Vgl. Schmidhäuser, AT, 8/10.

aa) Gültige Norm

Es muß zunächst die Verletzung eines Anerkennungsverhältnisses vorliegen. Diese muß in einer nach den oben ausgeführten Maßstäben formell und materiell bestimmten Norm[232] unter Strafe gestellt sein.

bb) Materiell-konkretes Verletzungswissen

Der Handelnde muß die ihm vermittelte und damit verfügbare Kenntnis des verletzten Anerkennungsverhältnisses im Wege eines praktischen Syllogismus[233] auf die Tatsituation anwenden. Bei der Bewertung dieser Voraussetzung ist die Übereinstimmung seiner Vorstellung mit der materiellen Norm entscheidend, da der Vorsatz materiell bestimmt ist.

Aus der Umkehrung dieser Erkenntnis ergibt sich für den Fall fehlenden materiell-konkreten Verletzungswissens das Entfallen des Vorsatzes. Diese Folge ergibt sich aus den oben dargelegten Gültigkeitsvoraussetzungen der Norm[234]. Danach handelt derjenige, der nicht weiß, daß er mit seinem Verhalten ein materiell-konkretes Anerkennungsverhältnis verletzt, nicht vorsätzlich. Eine Bestrafung kommt demnach nur noch wegen fahrlässiger Begehung in Frage.

Aus diesen Überlegungen ergibt sich, daß das fehlende materiell-konkrete Verletzungswissen bereits den Vorsatz ausschließt und nicht erst, wie allgemein angenommen, das Unrechtsbewußtsein im Sinne der Verbotskenntnis[235]. Ferner ergibt sich, daß das materiell-konkrete Verletzungswissen notwendige aber nicht hinreichende Bedingung für die Annahme einer vorsätzlichen Straftat in bezug auf die Tätervorstellung ist.

cc) Vereinbarkeit mit § 17 StGB

Dieses Ergebnis muß in Beziehung gesetzt werden zu § 17 StGB. Dabei soll nicht die Diskussion, ob die Vorsatz- oder die Schuldtheorie den Vorzug verdient, als Ausgangspunkt genommen werden, da der Streit in dieser Form die eigentlichen Sachstrukturen verdeckt[236]. Die hier gewonnene Erkenntnis wird statt dessen unter Beibehaltung der gewählten und als richtig erkannten Perspektive der Ableitung des Rechts aus der Interpersonalität zu der positivrechtlichen Vorschrift in Beziehung gesetzt, ohne daß der Standpunkt der Vorsatz- oder der Schuldtheorie eingenommen wird.

---

[232] Vgl. oben IV. 6. c) bb) (2) (a) (cc).

[233] Dazu erschöpfend Köhler, Fahrlässigkeit, S. 115ff.; 121ff.; 130.

[234] Vgl. oben IV. 6. c) bb) (2) (a) (dd).

[235] Vgl. auch Arthur Kaufmann, JZ 1956, S. 394; Sax, JZ 1976, S. 439f.

[236] So auch Arthur Kaufmann, Unrechtsbewußtsein, S. 8.

(1) Auslegung von § 17 StGB

Dabei ist, ohne daß hier auf Einzelheiten eingegangen werden kann, davon auszugehen, daß die Vorschrift bei grammatischer Auslegung mehrdeutig ist[237] und so verstanden werden kann, daß § 16 StGB eine Teilregelung darstellt, die auch den Fall des fehlenden Verletzungswissens umfaßt[238]. Welcher Regelungsgehalt dabei für § 17 StGB verbleibt, kann verschieden beurteilt werden. Es ist die Auffassung vertreten worden, für den Bereich des § 17 StGB verbleibe nur die Fahrlässigkeitstat[239]. Es mag dahinstehen, ob dies zutrifft, da es hier nur um das vorsätzliche Delikt geht. Für dieses regelt § 17 StGB den Fall der Tatbegehung mit materiell-konkretem Verletzungswissen, aber unter irrtümlicher Annahme des Eingreifens eines Erlaubnissatzes. Dabei kann dahinstehen, ob ein derartiges Verständnis des Gesetzestextes naheliegend ist, es kommt ausschließlich darauf an, daß es dem Wortlaut nach möglich ist.

Problematischer ist dagegen eine Auslegung der Vorschrift nach historischer und teleologischer Methode. Nachdem im E 1962 in § 21 noch formuliert worden war „irrig annimmt, kein Unrecht zu tun“, wurde diese positive Formulierung ausdrücklich deshalb aufgegeben, um auch die Fälle unbefangenen Handelns erfassen zu können[240]. Demgemäß ergibt die historische Auslegung zweifelsfrei, daß die hier vertretene Auffassung nicht dem historischen Gesetzgeberwillen entspricht. Zu untersuchen ist, ob dieses Ergebnis der Anwendung der hier gefundenen Erkenntnisse entgegensteht. Dies hängt davon ab, ob die historische Auslegungsmethode Verbindlichkeit beanspruchen kann.

Während ältere Stimmen im Schrifttum verbreitet die historische Auslegungsmethode vertreten[241], die auch in der Rechtsprechung des BGH Anwendung findet[242], wird im heutigen Schrifttum überwiegend die teleologische Auslegungsmethode befürwortet[243], die in der Rechtsprechung ebenfalls berücksichtigt wird[244].

---

237 Vgl. dazu Schmidhäuser, JZ 1979, S. 369; Langer, GA 1976, S. 214; Kuhlen, S. 280.

238 Ähnlich Schmidhäuser, ebd.

239 Vgl. Langer, GA 1976, S. 214f.; Schmidhäuser, ebd., S. 368f.

240 BT-Drucksache V 4095-9, Unterausschuß Strafrecht, 90. Sitzung, S. (1782), 1637.

241 Naucke, FS Engisch, S. 274; Baumann, NJW 1969, S. 1280.

242 Vgl. die Nachweise bei LK-Tröndle, § 1 Rdn. 44.

243 LK-Tröndle, ebd., Rdn. 46; Bockelmann/Volk, S. 20.

244 Vgl. die Nachweise bei LK-Tröndle, ebd., Fn. 133.

(2) Vorrang der teleologischen Methode

Gegenüber der historischen Auslegungsmethode verdient die teleologische den Vorzug. Der Gesetzgeber ist zum Zeitpunkt der Verabschiedung eines Gesetzes nicht in der Lage, spätere soziologische Veränderungen und dadurch notwendig werdende Anpassungen des Gesetzes vorauszusehen. Daher wäre er mit einer subjektiven Auslegung überfordert[245]. Das Abstellen auf den objektiven Sinn einer Vorschrift verstößt wegen der Bindung der Auslegung an systematische Zusammenhänge[246] und an den möglichen Wortsinn auch nicht gegen Art. 103 II GG.

Nach der teleologischen Auslegungsmethode sind demgemäß bei der Auslegung von § 17 StGB Entwicklungen in Betracht zu ziehen, die sich hinsichtlich der Bestimmung dieses Regelungszusammenhanges ergeben haben. Insbesondere aufgrund der Arbeiten Arthur Kaufmanns ist nachgewiesen, daß unbefangenes Handeln kein schuldhaftes Handeln sein kann, da zum Unrechtsbewußtsein das Wissen um die „Sozialschädlichkeit“[247] gehört. Damit im Zusammenhang steht die Erkenntnis, daß strafrechtliche Schuld Willensschuld ist[248]. Bei der Verabschiedung des § 17 StGB lag dem Gesetz ersichtlich ein anderer Schuldbegriff zugrunde, der heute keine Gültigkeit mehr haben kann. Daher ist dem dem Gesetz bei seiner Verabschiedung zugrundeliegenden Gesetzgeberwillen die Legitimation entzogen[249]. Dieser Wille ist demnach unbeachtlich und steht der hier vertretenen Auffassung nicht entgegen. Diese ist mit einer teleologischen Auslegung von § 17 StGB vereinbar.

dd) Bezug des Verletzungswissens zur formellen Norm

In dem materiell bestimmten Verletzungswissen des Handelnden muß sich das formell fixierte Tatbild wiederfinden. Dabei ist die konkrete Ableitung des Anerkennungsverhältnisses zu berücksichtigen. Diese Konstellation betrifft die nach herkömmlicher Systematik im Schuldbereich diskutierte Konstellation des „doppelten Verbotsirrtums“. In dem verbreitet diskutierten „Onkelfall“[250], in dem der Onkel, der zugleich Vormund ist, mit seiner 17jährigen Nichte geschlechtlich verkehrt, wobei er annimmt, dies mit einem über 16jährigen Mündel tun zu dürfen, sein Verhalten aber für strafbaren Verwandtenbeischlaf hält, hat der Handelnde sein Verletzungsbewußtsein in

245 LK-Tröndle, § 1 Rdn. 46 mit weiteren Nachweisen in Fn. 138.

246 Vgl. Jakobs, AT, 4/21.

247 Arthur Kaufmann, Unrechtsbewußtsein, S. 143ff.

248 Köhler, Fahrlässigkeit, S. 133ff., 186ff., 414; ders., Begriff, S. 47ff.; vgl. auch Arthur Kaufmann, Schuldprinzip, S. 149.

249 Vgl. Jakobs, AT, 4/21.

250 BGHSt 10, 135.

einer Weise abgeleitet, die das gesetzlich vertypte (§ 174 I Nr. 2 StGB) Unrecht nicht ausfüllt: Die Verletzung des relevanten Anerkennungsverhältnisses, das von § 174 I Nr. 2 StGB geschützt wird, war ihm nicht gegenwärtig, die von ihm angenommene Verletzung des von § 173 StGB geschützten Anerkennungsverhältnisses lag tatsächlich nicht vor. Da es sich hier um verschiedene Anerkennungsverhältnisse handelt, liegt eine unvorsätzliche Verwirklichung des § 174 I Nr. 2 StGB vor. Das dafür erforderliche Verletzungswissen kann nicht mit dem irrigen substanzlosen Verletzungswissen in bezug auf die Verletzung des Inzesttabus substituiert werden[251].

c) Abgrenzung von der Vorsatztheorie

Zur Klarstellung ist festzuhalten, daß hier nicht die Vorsatztheorie vertreten wird. Die soeben gemachten Ausführungen beziehen sich ausschließlich auf das materiell-konkrete Verletzungswissen, das als Unrechtsbestandteil erkannt worden ist, ohne daß das Wissen um das Verbotensein dieser Verletzung im Sinne strafrechtlicher Relevanz darin enthalten ist. Lediglich das materiell-konkrete Verletzungswissen in der soeben dargelegten Ableitung wird als Unrechtsbestandteil behandelt. Das Wissen um das Verbotensein der Verletzung in seiner Allgemeinheit wird mit der Schuldtheorie als konstitutives Schuldelement und nicht als Vorsatzbestandteil angesehen.

d) Ablehnung der Kombinationslehre

Teilweise wird in der Literatur eine Kombination von Vorsatz- und Schuldtheorie vertreten.

aa) Kategorisierung strafrechtlicher Tatbestände

Nach dieser Auffassung soll im Kernbereich des Strafrechts die Schuldtheorie, im Nebenstrafrecht dagegen die Vorsatztheorie anzuwenden sein[252]. Zur Begründung wird ausgeführt, im Nebenstrafrecht wiesen die Tatbestände keinen sittlichen Strafwürdigkeitsgehalt auf. Daher bestehe hier, im Gegensatz zum „Kernstrafrecht" nicht die Möglichkeit, daß bereits die Tatbestände dem Handelnden die Einsicht in das Wertwidrige seines Verhaltens erschließen könnten. Folglich sei in diesem Bereich Kenntnis der Verbotsnorm zum Vorsatz zu fordern[253].

---

[251] Vgl. auch Haft, JuS 1980, S. 663, der mit ähnlicher Begründung zum Verbotsirrtum gelangt.

[252] Vgl. die umfangreichen Nachweise bei Jakobs 19/18 in Fn. 30.

[253] Vgl. Arthur Kaufmann, Schuldprinzip, S. 137 mit weiteren Nachweisen in Fn. 93.

Diese Auffassung setzt sich zunächst den oben abgehandelten Einwänden aus, die sich aus der Ununterscheidbarkeit von Kern- und Nebenstrafrecht ergeben[254]. Die Verwendung der Kategorisierung in diesem Zusammenhang belegt erneut ihre Gefährlichkeit. Auf der Grundlage dieser Kategorie kann durch beliebige Ausdehnung oder Einschränkung des einen oder anderen Bereichs jedes gewünschte Ergebnis begründet werden, wobei die Zuordnung zu einer Kategorie die Nachprüfung auf diese beschränken würde, ohne daß nach einem allgemeingültigen Maßstab für die Zuordnung gesucht und die Entscheidung an diesen gemessen würde.

bb) Objektives Bezogensein auch im sogenannten Nebenstrafrecht

Abgesehen davon bestehen auch gegen die These von der Beziehungslosigkeit der Tatbestände im sogenannten Nebenstrafrecht durchgreifende Bedenken. Auch in dem Bereich des Nebenstraf- und Ordnungswidrigkeitenrechts wohnt den Tatbeständen ein Bezug zu den geschützten Anerkennungsverhältnissen inne. Die Tatbestände differieren lediglich hinsichtlich der Verletzungsnähe. Diese Unterschiede beschränken sich auch nicht auf die Struktur der formellen Normen, so daß sie dem materiellen Bewußtsein des Handelnden verschlossen wären. So kann ein konkretes Verhalten je nach Vorstellungsinhalt des Handelnden verschiedene rechtliche Qualität aufweisen. Dies mag ein auf das für die Exemplifizierung reiner Ordnungsnormen beliebte Rechtsfahrgebot[255] bezogenes Beispiel verdeutlichen: Eine Verletzung dieses Gebotes kann als Mordversuch zu bewerten sein, wenn der Handelnde durch seinen Verstoß gegen das Rechtsfahrgebot etwa die Insassen eines entgegenkommenden Fahrzeugs, indem er dieses von der Straße drängt, töten will, es kann als gefährlicher Eingriff im Sinne des § 315b StGB zu bewerten sein, wenn der Vorstellungsinhalt des Täters sich mit den dort vertypten Inhalten deckt und es kann als Verstoß gegen § 2 StVO zu bewerten sein, wenn der Täter niemanden gefährden will, sondern aus irgendwelchen anderen Gründen, etwa aus Übermut nicht rechts fährt. In allen diesen Fällen ist dem Handelnden aber gegenwärtig, daß er nicht rechts fährt und dadurch andere zumindest gefährden kann, da er weiß, daß er nicht nur deshalb rechts fahren soll, weil das so vorgeschrieben ist, sondern daß es so vorgeschrieben ist, weil ein anderes Verhalten andere gefährden oder verletzen kann. Dieses Wissen ist dem Inhaber einer Fahrerlaubnis im Rahmen des zu ihrer Erteilung führenden Verfahrens vermittelt worden und ihm dadurch gegenwärtig. Hinzu kommt, daß er die Befolgung dieses Gebots auch durch Einüben als praktische Kategorie internalisiert hat und sich der Folgen eines Verstoßes bewußt ist. Abgesehen davon weist das Rechtsfahrgebot einen so elementaren Bezug zum Schutzzweck und

---

[254] Vgl. oben A. II. 3.

[255] Vgl. Arthur Kaufmann, Schuldprinzip, S. 137.

ein solches Maß an allgemeiner Anerkennung auf, daß seine Kenntnis selbst bei einem nicht über eine Fahrerlaubnis verfügenden Verkehrsteilnehmer vorausgesetzt werden kann.

Die Problematik läßt sich verschärft an dem Fall einer Geschwindigkeitsbeschränkung zum Zwecke des Lärmschutzes darstellen, die diesen Zweck nicht erkennbar macht[256]. Hier ist dem Adressaten der Anlaß der Beschränkung nicht erkennbar. Gleichwohl befolgt der Adressat mit der Geschwindigkeitsbeschränkung nicht lediglich ein inhaltsleeres, rein formales Rechtsverbot. Der Adressat von Verkehrszeichen weiß, daß diese, wenn auch in ganz vermittelter Form dem Schutz von Anerkennungsverhältnissen dienen. Deshalb werden diese Vorschriften auch dann befolgt, wenn der Zweck der Norm nicht aus sich heraus verständlich ist, wie etwa beim Rechtsfahrgebot. Anlaß für die materielle und formelle Rechtmäßigkeit dieser Normen und auch Anlaß für ihre grundsätzliche Befolgung ist ihre Ableitung aus dem Schutzzweck, nicht ihre bloße Existenz.

Trotz der damit bewiesenen Ableitung auch der Verkehrszeichen aus dem dargelegten Schutzzweck weist der Fall aber einen Unterschied zu der Befolgung des Rechtsfahrgebotes auf, wenn, was für eine verbindliche Klärung erforderlich ist, auf die situative Bezogenheit der Vorschrift abgestellt wird. Hier zeigt sich, daß die Einhaltung des Rechtsfahrgebotes an jeder Stelle des Straßennetzes erforderlich und dieses Wissen präsent ist. Die Einhaltung bestimmter Höchstgeschwindigkeiten an bestimmten Stellen, sogenannte Streckenverbote, lassen dagegen ihren materiellen Gehalt nicht ohne weiteres erkennen, es sei denn, die Situation, etwa Straßenführung oder Sichtverhältnisse verdeutlichen dies. Aus der soeben ausgeführten Ableitung ergibt sich, daß daraus nicht gefolgert werden kann, hier liege das Unrecht in der reinen Verletzung der Norm, in einem „Ungehorsam" ohne materiellen Bezug.

Problematisch scheint zwar, wie das Defizit hinsichtlich des materiell-konkreten Mißachtungswissens zu erklären ist, bei allen Fällen der hier behandelten Art handelt es sich indessen um untergesetzliche Konkretionen einer Rechtsnorm in Form der Allgemeinverfügung. Damit ergibt sich zwar nicht unmittelbar die Unschädlichkeit des materiellen Defizits, denn auch untergesetzliche Konkretionen müssen grundsätzlich ihren Bezug zum Schutzzweck erkennbar machen[257]. Dieser Begründungszwang erfährt jedoch Ausnahmen, wo eine Begründung nach Lage der Sache nicht möglich, die sofortige Vollziehung der Konkretion aber unumgänglich ist. Im Gegensatz zum absoluten Anspruch des Gesetzes auf Widerspruchsfreiheit kann eine derartige Ausnahme auf untergesetzlicher Konkretionsstufe gemacht werden, da es hier

[256] Das Beispiel stammt von Arthur Kaufmann, Parallelwertung, S. 32f.

[257] Dieser Grundsatz findet seinen Niederschlag in Begründungszwängen, z.B. in § 34 StPO, der in Entsprechung zu den zum Bestimmtheitsgebot gemachten Ausführungen dieses auch auf untergesetzliche Konkretionen erstreckt.

nicht um Strafbegründung, sondern um den Vollzug eines absolut geltenden Gesetzes geht, dessen Zweck gerade in der Vollzugsmaßnahme realisiert wird und in der Situation nur so realisiert werden kann. Eine solche Situation liegt bei Verkehrszeichen vor, die bestimmten Gefahren für Anerkennungsverhältnisse begegnen müssen, die sich wegen der Komplexität der Verkehrssituation nicht immer darstellen lassen. Auch in diesen Fällen sind sie aber zu beachten und werden auch beachtet. Allerdings müssen auch derartige Konkretionen so weit wie möglich begründet werden, damit sie so bestimmt wie möglich sind. Bei Verkehrszeichen wird dieser Notwendigkeit durch Zusatzschilder Rechnung getragen. In dem hier behandelten Fall erschiene unter Berücksichtigung dieser Zusammenhänge die unterlassene Anbringung eines Zusatzzeichens „Lärmschutz", wie dies sonst üblich ist, bedenklich. Hierbei ist zu berücksichtigen, daß die Akzeptanz von Vorschriften von ihrer Verständlichkeit abhängt und daß demgemäß eine unverständliche und unvermittelte Vorschrift nicht durchsetzbar ist.

Die geschilderten Ausnahmen greifen daher, trotz ihrer grundsätzlichen abstrakten Akzeptanz, die Normgeltung durch Anerkennung im Grundsatz an. Stellt sich eine Vorschrift, die ihre Geltung auf die Ausnahme vom Begründungszwang stützt – Verkehrszeichen tun dies fast immer – als sinnlos heraus, schwindet damit nicht nur die Bereitschaft der Adressaten, diese konkrete Vorschrift anzuerkennen, sondern in der Verallgemeinerung der Erkenntnis wird auch die Akzeptanz der Ausnahmekompetenz gefährdet.

Damit ist bewiesen, daß das oben zur Unrechtsseite der Straftat Ausgeführte in seiner Geltung nicht auf ein, wie auch immer umgrenztes Gebiet des Strafrechts beschränkt ist, sondern ein allgemeines strukturelles Prinzip des Unrechts ist, das auch im sogenannten „Nebenstrafrecht" und im Ordnungswidrigkeitenbereich gilt. Aus diesen Gründen kann der Kombinationslehre nicht gefolgt werden. Das oben ausgeführte Kongruenzprinzip[258] verlangt eine durchgängige Bestimmung der inneren Tatseite für alle Verstöße des Strafrechts und des Rechts der Ordnungswidrigkeiten nach der Norm und damit ein materiell-konkretes Verletzungswissen.

e) Praktische Konsequenzen aus den gewonnenen Erkenntnissen

Die bisher gewonnenen Erkenntnisse sollen nunmehr an praktischen Fällen ausgeführt werden.

---

[258] Vgl. oben a) bb).

aa) Vermittlungsdefizit

Zunächst sollen die Fälle betrachtet werden, in denen der Handelnde das erforderliche Verletzungswissen nicht hatte, da ihm dieses nicht in der erforderlichen Weise vermittelt worden war.

(1) Neues Anerkennungsverhältnis

Hier sind zunächst die Fälle von Bedeutung, in denen sich durch Entwicklungen in der Gemeinschaft ein neues Anerkennungsverhältnis herausgebildet hat. Ein solches neues Anerkennungsverhältnis bedarf, da es sich erst institutionalisieren und dadurch materielle Norm werden soll, besonderen Schutzes. Dieser besondere Schutz kann jedoch nicht, wie dies in der Vergangenheit angenommen wurde und auch heute noch verbreitet angenommen wird, durch Verhängung besonders harter Strafen in formellen Normen bewirkt werden. Ein derartiges Vorgehen stellt zunächst eine Verkennung und Verkürzung rechtlicher Schutzmethoden dar, die, wie bereits ausgeführt, nicht in der Strafandrohung für Verletzung der interessierenden Anerkennungsverhältnisse anzusetzen haben, sondern in deren Vermittlung[259]. Eingedenk dessen stellt sich die Strafandrohung als formelle Folge dieses materiell begründeten Schutzprozesses dar. Darüber hinaus läge aber in einer solchen Erzwingung auch eine rechtsstaatswidrige Beeinträchtigung der Entschließungsfreiheit der Gemeinschaft, der durch derartiges Vorgehen eine neue Norm durch formellen Zwang aufoktroyiert würde, ohne daß sie eine Gelegenheit hätte, die Norm materiell anzuerkennen. Ferner ist zu berücksichtigen, daß ein solches Vorgehen materielle Normstabilisierung kaum bewirken könnte, da der Vollzug derartiger Strafgesetze nicht auf Akzeptanz stoßen würde. Diese Ablehnung wäre auf die fehlende materielle Seite der Norm zurückzuführen, das Gesetz daher unrechtlich[260].

Als neues Anerkennungsverhältnis hat sich in den 70er Jahren die Erhaltung der Umwelt in ihren Medien als Interesse an der Erhaltung humaner Umweltbedingungen[261] entwickelt. Bei der entsprechenden formellen Normierung des Schutzes der Umwelt in diesem Sinne wurde dieser Schutzzweck ausdrücklich auch in einer Schärfung des Bewußtseins für die Sozialschädlichkeit von Umweltbelastungen gesehen[262]. Dieser Zweck verdient Zustimmung im Interesse eines effektiven Umweltschutzes. Er ist auch erreicht worden, da heute, möglicherweise auch infolge der Anordnung strafrechtlicher Folgen für

---

259 Vgl. oben IV. 6. c) bb) (2) (a) (cc) α), γγ).

260 Im Ergebnis mit etwas anderer Begründung in diesem Sinne auch Amelung, S. 392f.

261 Dreher/Tröndle vor § 324 Rdn. 4; Schönke/Schröder/Cramer vor § 324 Rdn. 1.

262 BT-Drucksache 8/2382 S. 9ff.; 8/3633 S. 19.

die Mißachtung dieses Anerkennungsverhältnisses, das Umweltbewußtsein entwickelter ist, als es vor der Schaffung der Umweltstraftaten war[263].

Eingedenk der eben gemachten Ausführungen ist aber zu berücksichtigen, daß mit der Existenz eines formellen Verbots noch nicht die Kenntnis des zugrunde liegenden Anerkennungsverhältnisses vorausgesetzt werden kann. Dieses Problem wird sich zwar angesichts des inzwischen gestiegenen Umweltbewußtseins heute nicht mehr so verbreitet stellen, zur Verdeutlichung der Zusammenhänge ist es aber interessant, eine Entscheidung aus der Zeit kurz nach dem Inkrafttreten der Umweltschutznovelle zu betrachten[264]: Gegen den Verwalter eines Grundstücks war eine Geldbuße festgesetzt worden, weil er auf dem Grundstück ohne die dafür vorgeschriebene Erlaubnis Bäume hatte fällen lassen. Das OLG war davon ausgegangen, daß dem Betroffenen die Vermeidung des (dort als Verbotsirrtum qualifizierten) Irrtums möglich gewesen wäre. Abgesehen von der hier abweichenden dogmatischen Behandlung der Unkenntnis des Verwalters ist die Begründung des OLG für eine Erkundigungspflicht interessant. Unter Hinweis auf die Sozialbindung des Eigentums unter Berücksichtigung ihrer konkreten Auswirkungen auch im Umweltschutz kommt das OLG zur Vermeidbarkeit des Irrtums. Damit sind, bei Übertragung der termini technici in die Parallelwertungswelt des Laien die Bedingungen der Bildung dieses Anerkennungsverhältnisses exakt beschrieben. Zugleich verdeutlichen diese Erwägungen aber auch die Notwendigkeit einer konkreten Vermittlung. Der Bewußtseinsinhalt, den die Ausführungen des OLG wiedergeben, findet sich in Laienform wohl in jedem Mitglied der heutigen Gesellschaft und wohl auch in den meisten Mitgliedern der Gesellschaft zur Zeit des Inkrafttretens der Umweltschutznovelle. Er läßt sich mit dem Inhalt „Die Umwelt ist gefährdet. Wir müssen vorsichtiger damit sein!" skizzieren.

Auch bei dem Betroffenen, einem Regeltechniker, wird dieser Mitbewußtseinsinhalt gegeben gewesen sein. Daß er trotzdem unvorsätzlich gehandelt hat, ergibt sich daraus, daß er in der konkreten Situation, dem Bäumefällenlassen, den erforderlichen Obersatz nicht gebildet und die Bäume in ihrer Relevanz für die Umwelt nicht notwendig erkannt haben wird, da ihm die konkreten Ausprägungen des diffus als Umwelt beschriebenen Anerkennungsverhältnisses nicht gegenwärtig gewesen sein dürften. Heute könnte von einer derartigen Unkenntnis kaum noch ausgegangen werden, da die Bedeutung von Bäumen für das konkretisierte Anerkennungsverhältnis Umwelt in ihren Medien allgemein bekannt ist. Zum Zeitpunkt des Inkrafttretens der Umweltschutznovelle war dieser Inhalt dagegen noch nicht in einer Weise ver-

263 Das bezweifelt mit guten Gründen Pfeiffer, S. 105. Fest steht aber, daß das Bewußtsein für die Gefährdung der Umwelt gestiegen ist. Weshalb das so ist, kann hier dahinstehen.

264 OLG Düsseldorf NStZ 1981, S. 444.

breitet, daß sie jedem Bürger gegenwärtig war. Nach allem wäre hier nur eine Sanktion wegen fahrlässiger Begehung in Betracht gekommen.

In diesen Fällen liegt somit, da es der Norm an ihrer Anerkennung durch die gesamte Gemeinschaft noch fehlt, noch keine materielle Norm und damit noch kein materielles Verbot vor.

(2) Änderung der Norm

Die vorstehenden Ausführungen gelten entsprechend für den Fall der Änderung der Norm.

(a) Neues Gesetz

Allerdings ist hier zu berücksichtigen, daß das Anerkennungsverhältnis, dessen Schutz die Norm bezweckt, bereits aufgrund der geänderten Norm gegenwärtig gewesen sein kann. Dies spricht dafür, daß dem Handelnden das Verletzungswissen gegenwärtig ist. Dieses Wissen kann aber daraus nicht ohne weiteres geschlossen werden. Einerseits verläuft bei der Änderung der Norm die Entwicklung entgegengesetzt wie bei der Entstehung eines neuen Anerkennungsverhältnisses, da die Änderung nicht wie dort in der materiellen Ordnung, sondern im positivierten formellen Recht ihren Ursprung hat; andererseits ist aber wegen des Zusammenhanges zwischen materieller und formeller Ordnung[265] eine Änderung der materiellen Ordnung legitimatorische Voraussetzung dafür, da die formelle Änderung aus der materiellen entspringt. Dennoch kann allein aufgrund dieses Zusammenhanges wegen der Mittelbarkeit der Willensbildung im materiellen Bereich, der zur formellen Änderung führt, trotz der Begründung der Änderung dort nicht die Kenntnis eines jeden einzelnen vorausgesetzt werden. Hier gilt das oben zur Verbotskenntnis[266] und zum Erfordernis der Vermittlung[267] Ausgeführte entsprechend. Auch wenn es bei dem geänderten Gesetz um den Schutz desselben Anerkennungsverhältnisses geht, kommt es aus diesen Gründen auf eine in der beschriebenen Weise zu vollziehende Vermittlung des Gesetzes an.

(b) Änderung der Rechtsprechung

Die vorstehend ausgeführten Grundsätze gelten aber nicht nur für die Änderung von Gesetzen, sondern auch für die Änderung der Rechtsprechung. Dies ergibt sich aus der Anwendung der zum Bestimmtheitsgebot gemachten

---

[265] Vgl. oben IV. 6. c) bb) (2) (a) (cc) γ).

[266] Vgl. oben a) bb).

[267] Vgl. oben IV. 6. c) bb) (2) (a) (cc) α) γγ).

Ausführungen auf die Konkretisierung der gesetzlich positivierten Norm durch die Rechtsprechung.

Die Anwendbarkeit des Bestimmtheitsgebots auf die Rechtsprechung ist allerdings umstritten. Dieser Streit wird allgemein als Streit um die Geltung des Rückwirkungsverbots geführt. Das Rückwirkungsverbot stellt sich aber nach den bisher gewonnenen Erkenntnissen als eine Konkretisierung der gesetzlichen Bestimmtheit dar. Dies erhellt insbesondere aus der auch hier entscheidenden Vermittlungsnotwendigkeit zur Konstitution der Norm als Sollensnorm. Es lohnt sich zur Verdeutlichung, die dagegen vorgebrachten Argumente zu betrachten:

(aa) Verbot nur durch Gesetz

Es wird vorgebracht, nur das Gesetz konstituiere das Verbot, nicht aber dessen Anwendung. Dies wird aus der Struktur der Entscheidungsfindung als retrospektive Gesetzesanwendung auf einen konkreten Einzelfall gefolgert[268]. Da dadurch der richterlichen Rechtsfortbildung engere Grenzen gezogen seien als der Gesetzesänderung sei eine Anwendung des Rückwirkungsverbots nicht angebracht[269]. Dies führe vielmehr zu einer unvertretbaren Gleichsetzung des Richters mit dem Gesetzgeber[270].

Demgegenüber wird aber eingeräumt, daß sich das Rückwirkungsverbot auf den gesamten Rechtszustand zum relevanten Tatzeitpunkt bezieht[271]. Darin ist bereits die nicht gezogene Konsequenz angelegt, daß das Gesetz und seine Anwendung eine Einheit darstellen. Erst die Konkretion des Gesetzes in der Subsumtion des Einzelfalles konturiert das Verbot. Durch die Anwendung wird der abstrakte Verbotstatbestand konkret und die Reichweite des Verbots bestimmt[272]. Die Tatbestandsgarantie gewinnt eine Funktion erst in ihrer konkreten Anwendung. Gesetz und Anwendung stellen damit verschiedene Konkretionsstufen des Verbots dar. Die richterrechtliche Fortbestimmung der Norm konturiert das Verbot und macht es faßbar, da sie zwar am Einzelfall vollzogen wird, gleichwohl aber allgemeiner Gültigkeit fähig sein muß. Für den Richterspruch gilt das zur Gesetzlichkeit Ausgeführte entsprechend. Auch er muß als kategorischer Imperativ verallgemeinbar sein, um gesetzlich

268 Bernd Schünemann, Nulla poena, S. 28.

269 Rudolphi, Unrechtsbewußtsein, S. 98f.; Bernd Schünemann, FS Bruns, S. 274,; ders., Nulla poena, S. 28.

270 Jakobs, 4/81.

271 LK-Tröndle, § 2 Rdn. 18.

272 Vgl. Müller-Dietz, FS Maurach, S. 43; Kohlmann, S. 279; Groß, GA 1971, S. 19; Öhlinger/Stelzer, Rechtsprechungslehre, S. 409ff., 423; Ipsen, Rechtsprechungslehre, S. 435ff., unter Diskussion der dogmatisch verwandten Struktur der „Wesentlichkeitstheorie" für die Normkonkretisierung, S. 442ff., 449.

zu sein[273]. Daß sich die Konkretion dabei in engeren Grenzen vollzieht, ist die logische Folge der Struktur des Anwendungsvorganges als Konkretionsvorgang. Für die Frage der Geltung des Gesetzlichkeitsprinzips ist dieser Gesichtspunkt aber ohne Belang.

Auch die Erwägung, hier würden Richter und Gesetzgeber gleichgestellt, ist nicht als tragender Einwand zu werten. In bezug auf die Funktion der materiellen Verbotskonstitution ist diese Gleichstellung unbestreitbar. Die Anwendung eines Gesetzes auf verschiedene Fälle führt zu einem positiven oder negativen Subsumtionsergebnis, der Tatbestand ist erfüllt oder er ist nicht erfüllt. Dies aber ist eine normative Konkretion des Verbotsumfangs[274]. Daß die Merkmale des Verbots dabei im Gesetz vorgegeben sind, stellt lediglich eine Bindung des Spielraumes dar. Ausgehend vom Verbotsadressaten, auf dessen Perspektive es bei der Auslegung des Verbotes ankommt, ist es unerheblich, auf welcher Konkretionsstufe die Konkretisierung erfolgt. Er orientiert sich stets am materiellen Verbot in seiner konkreten Gestalt, wie sie ihm vermittelt wird. Bei dieser Vermittlung ist es in der Regel unbekannt, auf welcher Konkretionsstufe ein Verbot konstituiert ist. So dürfte allgemein unbekannt sein, daß die für § 316 StGB relevante Herabsetzung der Grenze für die absolute Fahruntauglichkeit begründende BAK auf 1,1‰ kein Merkmal des Gesetzes, sondern eine richterrechtliche Konkretion ist[275].

Trotz dieser Unerheblichkeit der Konkretionsstufe für die materielle Seite des Verbots hat die Unterscheidung Bedeutung für dessen formelle Seite. Daraus resultiert auch die notwendige Disjunktion von Gesetzgeber und Rechtsanwender. Denn während das Gesetz auf den allgemeinen Willen zurückzuführen und auf eine Vielzahl von Fällen bezogen ist, wird bei seiner Anwendung nur ein Einzelfall betrachtet und die Entscheidung von einzelnen im Rahmen des vom Gesetz begrenzten Auslegungsspielraums getroffen. Um diesen so gering wie möglich zu halten, muß das Gesetz so bestimmt und damit so konkret wie möglich sein. Anderenfalls droht eine Gleichstellung von Gesetzgeber und Rechtsanwender auch bei der formellen Verbotskonstitution mit den bekannten daraus resultierenden Gefahren[276]. Erst eine solche Gleichstellung in Beziehung auf die formelle Verbotskonstitution ist gefährlich und muß vermieden werden.

---

[273] Vgl. in diesem Sinne auch Jakobs, 4/80.

[274] Vgl. dazu Schreiber, Gesetz, S. 222 mit weiteren Nachweisen; Wieacker, S. 6; v. Bülow, S. 6, 10, 28; Arthur Kaufmann, Analogie, S. 29; ferner Küper, Richteridee, S. 3ff.; Naucke, FS Engisch, S. 281; Naucke, AT, S 90f.

[275] Deswegen kommt es auch nicht auf die „normative Verankerung" der Konkretion an, so aber Bernd Schünemann, Nulla poena, S. 28.

[276] Vgl. LK-Tröndle, § 2 Rdn. 20; Der Streit um die Zugehörigkeit der für die Bestimmung der Fahruntauglichkeit relevanten BAK-Grenze zum formellen oder materiellen Recht offenbart die Gefahren mangelnder Gesetzesbestimmtheit, (vgl. dazu LK-Tröndle, § 2 Rdn. 21; Naucke, NJW 1968, S. 2321).

Diese formelle Seite des Verbots ist es auch, die zur Argumentation gegen die Gleichstellung herangezogen wird[277]. Wie bereits ausgeführt wurde, sind formelle und materielle Seite der Norm aus verschiedenen Perspektiven und nach verschiedenen Maßstäben zu beurteilen. Trotz der Notwendigkeit der Disjunktion in bezug auf die formelle Seite ist daher eine Gleichstellung von Gesetzgeber und Rechtsanwender aus materieller Sicht aus den angeführten Gründen nicht zu verhindern, da der Bürger, auf dessen Perspektive es für die materielle Beurteilung ankommt, diese jedenfalls vornimmt. Dies ist auch aus der Sicht des Rechtsanwenders im Hinblick auf die Sollensstruktur der Strafgesetze zu akzeptieren.

(bb) Kein Vertrauensschutz

Dagegen richtet sich das Argument, der Bürger genieße keinen Vertrauensschutz hinsichtlich des Fortbestandes der Rechtsprechung. Zum Teil wird dies offen damit begründet, daß das faktisch bestehende (!) Vertrauen rechtlich unerwünscht sei, weil es die Judikative überfordere (!) denn diese sei dann nicht mehr in der Lage, die vom Gesetzgeber nicht mehr erbrachten Anpassungen des Gesetzes zu leisten[278]. Dieser Ansatz ist nur haltbar, wenn das Strafrecht auf systemstabilisierende präventive Repression reduziert wird. Eine solche Sichtweise ist aber mit der hier vorgenommenen Begründung des Strafrechts aus der Interpersonalität unvereinbar, da die Strafrechtsnorm nicht mehr als Sollensnorm gesehen wird.

Neben diesem Ansatz wird die Versagung des Vertrauensschutzes mit der Behauptung mangelnder Schutzwürdigkeit des Vertrauens zu begründen versucht. Diese wird zunächst mit der Erwägung substantiiert, das Rückwirkungsverbot komme auch dem zugute, der die Gesetzeslage vor ihrer Änderung nicht gekannt hat[279]. Es trifft zwar zu, daß das Rückwirkungsverbot allgemein gilt, daraus ergibt sich aber nichts für das „Vertrauensschutzargument", das unausgesprochen auf dem Sollenscharakter des Strafgesetzes basiert. Die allgemeine Geltung des Rückwirkungsverbotes folgt bereits aus der strafbegrenzenden Funktion der formellen Norm. In diesem Zusammenhang kommt es nicht auf Normkenntnis, sondern nur auf ihre Möglichkeit an. Hier wird die ambivalente Bedeutung des Rückwirkungsverbots als Ausdruck des Gesetzlichkeitsprinzips unberücksichtigt gelassen.

Ferner wird vorgetragen, der Täter sei allein auf der Grundlage des Gesetzes in der Lage, das Verbot zu erkennen[280]. Hier gilt das oben unter (aa) Aus-

277 Vgl. LK-Tröndle, ebd.

278 Jakobs, AT, 4/81, diese Ausführungen überraschen sehr, da unmittelbar vorher für eine strikte Trennung von Gesetzgeber und Rechtsanwender argumentiert wurde!

279 LK-Tröndle, § 2 Rdnr. 21; Tröndle, FS Dreher, S. 121f. unter Bezugnahme auf Schreiber, ZStW 80 (1968), S. 362 und JZ 1973, S. 717.

geführte entsprechend. Dieses Argument stützt sich allein auf die formelle Seite der Norm. Bereits danach ist zweifelhaft, ob aus der Lektüre des Gesetzestextes ohne Zuhilfenahme fachkundigen Rates das Verbot erschlossen werden kann. Bei der Berücksichtigung der materiellen Seite der Norm wird das Argument dagegen obsolet.

Soweit schließlich auf den Tatbestand des § 316 StGB bezogen vorgetragen wird, derjenige, der sich an die „1,1‰, 1,3‰“, bzw. „1,5‰-Grenze“ herantrinke, sei nicht schutzwürdig[281], wird damit das Gesetzlichkeitsprinzip relativiert. Das Bestimmtheitsgebot in Form der formellen Tatbestandsgarantie käme nur den unter Schutzwürdigkeit begründenden Umständen delinquierenden Tätern zugute. Für nicht Schutzwürdige würde eine analoge Anwendung des Strafgesetzes zugelassen. Das Argument kann, am Maßstab des Bestimmtheitsgebots gemessen, keinen Bestand haben.

(cc) Genügender Schutz durch Verbotsirrtum

Wenn der einzelne durch die Verbotsirrtumsregeln als ausreichend geschützt angesehen wird[282], ist dazu zunächst auf das Risiko hinzuweisen, das sich aus einer, erfahrungsgemäß tendenziell positiv verlaufenden[283], Vermeidbarkeitsprüfung ergibt. Entscheidend ist aber, daß die straftatsystematische Kategorisierung der Fragestellung als unrechtsrelevant zu beachten ist: Derjenige, der nicht gegen ein Verbot verstößt, handelt unverboten, derjenige der ohne materiell-konkretes Verletzungswissen handelt, handelt unvorsätzlich.

(dd) Keine prozessuale Durchführbarkeit

Unter Berücksichtigung dieser Kategorisierung ist auch das letzte Argument der Gegenmeinung, das Rückwirkungsverbot könne auf die Rechtsprechung nicht angewendet werden, weil sich das prozessual nicht durchführen lasse[284], zu würdigen. Wie eine Änderung der Rechtsprechung prozessual durchzuführen ist, ist eine Frage, die unabhängig von der Kategorisierung, aber unter ihrer Beachtung, zu beantworten ist. Verschiedene Lösungsansätze sind bereits entworfen worden und werden in anderen Rechtssystemen bereits praktiziert[285]. Jedenfalls kann nicht unter Berufung auf das positivierte Pro-

---

280 Rudolphi, Unrechtsbewußtsein, S. 99.

281 LK-Tröndle, § 2 Rdn. 21, 23; Tröndle, FS Dreher, S. 122; Haffke, BA, 1972, S. 40.

282 Schünemann, Nulla poena, S. 29; Rudolphi, Unrechtsbewußtsein, S. 98; OLG Karlsruhe, NJW 1967, S. 2167; OLG Bremen, MDR 1982, S. 772.

283 Vgl. oben 1. Teil.

284 LK-Tröndle, § 2 Rdn. 22, 24.

285 Vgl. z.B. die Nachweise bei LK-Tröndle, § 2 Rdn. 24 z. französischen Recht.

zeßrecht behauptet werden, daß nicht sein kann, was nicht sein darf[286]. Nach allem gilt das Gesetzlichkeitsprinzip in Form des Rückwirkungsverbots also auch für die Rechtsprechung[287] mit der Folge, daß auch eine solche Änderung vermittelt werden muß.

Zusammenfassend ist festzuhalten, daß auch eine Änderung des Gesetzes oder der Rechtsprechung und damit eine Reform des Verbots in der oben beschriebenen Weise vermittelt werden müssen.

(3) Wechsel des Rechtskreises

Die vorstehend ausgeführten Grundsätze gelten entsprechend auch für die Fälle des Wechsels des Rechtskreises, hier aber nur für die Fälle, in denen in dem heimatlichen Rechtskreis des Täters das Anerkennungsverhältnis, das die vom Täter verletzte Norm schützt, nicht entwickelt ist. Diesen Rechtskreisfremden muß das Anerkennungsverhältnis vermittelt werden, damit sich bei ihnen ein entsprechendes Bewußtsein einstellen kann[288]. Solange diese Vermittlung nicht bewirkt ist, handeln die Fremden ohne Verletzungswissen. Dies gilt nicht, wenn das Anerkennungsverhältnis dem Handelnden in seiner Heimat bereits vermittelt worden war und er lediglich, mit materiell-konkretem Verletzungswissen handelnd, einen im fremden Rechtssystem ungültigen Erlaubnissatz anwendet. Auf diese Fälle wird noch zurückzukommen sein.

In diesem Zusammenhang ist das Verhältnis des Fremden zur Gemeinschaft zu berücksichtigen. Aus seiner Qualität als Extraneus ergibt sich, daß er am Prozeß der Anerkennung der materiellen Norm nicht teilhat, so daß diese unabhängig von seinem zustimmenden Nachvollzug gilt. Dementsprechend wird von dem Fremden nicht die Revision seiner Überzeugungen, sondern lediglich Anpassung an das fremde Rechtssystem verlangt. Diese Erwägungen ändern zwar nichts an der Vorsatzrelevanz defizitären Verletzungswissens, sind aber von Bedeutung für die Frage der Vermeidbarkeit im Rahmen der Fahrlässigkeitsprüfung. Hier obliegt dem Rechtskreisfremden aufgrund seines entsprechenden Bewußtseins eine Vergewisserungspflicht bezüglich der Normen des Rechtskreises, in dem er sich bewegt.

Im Gegensatz zu den unter (1) und (2) behandelten Fällen hat sich hier bereits eine materielle Norm durch Anerkennung gebildet, der Handelnde hat aber im Irrtumsfall kein darauf bezogenes materiell-konkretes Verletzungswissen.

---

[286] Vgl. LK-Tröndle, § 2 Rdn. 22.

[287] In diesem Sinne auch Maunz/Dürig/Herzog, Art. 103 Rdn. 112; Schönke/Schröder/Eser, § 2 Rdn. 9.

[288] Die Notwendigkeit einer Anpassung an die fremde Ordnung wird allgemein auch in der Rechtsprechung erkannt. Das Problem wird dort allerdings, entsprechend allgemeiner Kategorisierung, im Rahmen der Vermeidbarkeit des Verbotsirrtums erörtert, vgl. BGH MDR 1977, S. 809f.; GA 1967, S. 244.

bb) Objektiv mehrdeutige Ordnung

Zu untersuchen ist weiter die Kategorie der objektiv mehrdeutigen Ordnung der Gemeinschaft.

(1) Widersprüchlichkeit der Norm

Zunächst sollen hier die Fälle betrachtet werden, in denen die Widersprüchlichkeit in der Norm angelegt ist.

(a) Obsolete Norm

Eine solche Widersprüchlichkeit kann sich zunächst aus dem Spannungsverhältnis zwischen formeller und materieller Seite der Norm ergeben. So kann durch die Entwicklung des Bewußtseins in der Gemeinschaft die zunächst bestehende materielle Seite der Norm in Form der Anerkennung des Verbots in der Gemeinschaft entfallen, das Verbot aber formell, sei es als positiviertes Gesetz, sei es als ständige Rechtsprechung bestehen bleiben. Als anschauliches Beispiel kann die Rechtsprechung des BGH zur Verlobtenkuppelei dienen[289]. Abgesehen davon, daß die Regelung bereits deswegen unrechtlich war, weil sie nicht den Bereich des Rechts im Sinne der Gewährleistung der Bedingungen äußerer Freiheit[290], sondern den Bereich der Moralität betraf, ist hier von Interesse, daß der BGH an dem reichsgerichtlichen Unzuchtbegriff, der bereits zur damaligen Zeit umstritten gewesen ist[291], in einer Zeit festhielt, in der eine solche Auslegung in der Bevölkerung sicher nicht mehr anerkannt war. Dies zeigten bereits die Stellungnahmen im Schrifttum der damaligen Zeit[292]. Deswegen bestand das Verbot, abgesehen von seiner Ungesetzlichkeit als solcher, auch aus diesem Grund nicht mehr. Daher hätte eine Verurteilung nicht erfolgen dürfen.

Auch auf der Grundlage der der Entscheidung zugrundeliegenden Fehlvorstellung hätte eine Verurteilung aber die eingehende Prüfung des Vorstellungsinhalts der Beschuldigten erfordert. Gingen sie davon aus, daß ihr Verhalten in der Gemeinschaft allgemein gebilligt wurde, waren sie sich keiner

---

[289] Vgl. oben Fn. 142f.

[290] Vgl. oben IV. 6. a).

[291] Hinweise auf die fehlende Anerkennung der von der Rechtsprechung vorgenommenen Konkretion finden sich bereits in den 20er Jahren, vgl. Mittermaier, Stichwort: Kuppelei (fehlendes Bewußtsein der Rechtswidrigkeit!); Dehnow, S. 22. In der Entscheidung BGHSt 6, 46 (49) ist demgemäß auch von ständigen Angriffen des Schrifttums bereits gegen die Rechtsprechung des Reichsgerichts die Rede.

[292] Zur Zeit der Entscheidung des BGH wurde diese zu Recht kritisiert von Bockelmann, JR 1954, S. 361; Heinitz, JR 1954, S. 403; Jescheck MDR 1954, S. 645; Sax, JZ 1954, S. 474.

Verletzung eines Anerkennungsverhältnisses bewußt, mit der Folge, daß sie ohne materiell-konkretes Verletzungswissen handelten. Entgegen der Auffassung des BGH wäre ein solcher Irrtum also nicht erst als Verbotsirrtum, sondern als unrechtsrelevanter Irrtum anzusehen gewesen. Falls die Beschuldigten dagegen die allgemeine Bewertung ihres Verhaltens als Kuppelei, eine solche einmal unterstellt, gekannt hätten, diese aber für sich als unverbindlich angesehen hätten, wäre dieser Befund als Fall der Annahme einer Gegennorm entsprechend zu behandeln gewesen. Auf diese Problematik wird noch zurückzukommen sein.

Nach allem ist festzuhalten, daß eine obsolet gewordene Norm kein Verbot begründet. Obsolet ist eine Norm dann, wenn kein beachtlicher Teil der Gemeinschaft mehr diese Norm aufrechterhalten will[293]. Auch wenn diese Kategorie verhältnismäßig selten ist, verdient sie im Interesse der systematischen Stringenz Berücksichtigung. Ferner ist sie abzugrenzen von der Bagatellkriminalität, die formell wie materiell als Unrecht erkannt wird, die aber aus Zweckmäßigkeitserwägungen nicht verfolgt wird, weil der Verletzte oder die Gemeinschaft keine Strafverfolgung wollen[294].

(b) Mehrdeutige Norm

Auch eine wirksame Norm kann in der Weise widersprüchlich sein, daß sie gegen das Gesetzlichkeitsprinzip in Form des Bestimmtheitsgrundsatzes verstößt. Wann dies der Fall ist, kann nicht generell, sondern nur am Einzelfall unter Berücksichtigung der oben bereits dargestellten Prinzipien möglichster Konkretion am Einzelfall entschieden werden. Bedenklich sind in diesem Zusammenhang stets Generalklauseln und unbestimmte Begriffe, ohne die die Gesetzgebung aber andererseits auch nicht auskommen kann. Die Klausel des Verstoßes gegen die öffentliche Ordnung[295] ist ein Extrembeispiel für eine danach unzulässige Formulierung[296]. Dasselbe gilt für „groben Unfug"[297], „eine(r) Sitte und Anstand verletzenden Weise"[298] und „unzüchtig"[299]. Im heutigen Strafrecht sind mit guten Gründen Bedenken gegen die Bestimmt-

293 Vgl. oben IV. 6. c) aa) und Deckers, Unrechtsbewußtsein, S. 64f.; die desuetudo ist im Gegensatz als Phänomen anerkannt, vgl. BGHSt 5, 23; 8, 381; OLG Köln, NJW 1951, S. 974; OLG Braunschweig, NJW 1955, S. 355; Maurach/Zipf, S. 106.

294 In diesem Zusammenhang mißverständlich Maurach/Zipf, S. 165 Rdn. 15.

295 Ziffer 21 des Bayerischen Gesetzes Nr. 3.

296 Ebenso BayVerfGH 4, 202.

297 § 360 Nr. 11 StGB a.F., so auch Schönke/Schröder/Eser, § 1 Rdn. 18; Lenckner JuS 1968, S. 305; Schroeder JZ 1969, S. 775; Schröder JR 1964, S. 392; Schönke/Schröder, 17. Aufl., § 360 Rdn. 57, m.w.N.; anders BVerfGE 26, 41.

298 § 183 I Nr. 3a StGB a.F.

299 § 184 StGB a.F.

heit der Verwerflichkeitsklausel in § 240 II und § 253 II StGB laut geworden[300]. Ferner wird der Begriff der „guten Sitten" in § 226a StGB kritisiert[301].

Ein eindrucksvolles Beispiel gesetzlicher Unbestimmtheit ist der Begriff „Bestellung" in § 4b InvZulG von 1975[302]. Eine unbefangene Auslegung dieses Begriffes ergibt, daß auch die sogenannten Zweitbestellungen nach zivilrechtlich nicht zu beanstandender Aufhebung der Erstbestellung Bestellungen sind. Eine Erfassung der Zweitbestellung als Betrug läßt sich daher nur bei einer Auslegung halten, die den vom Gesetzgeber intendierten aber im Wortlaut verfehlten Zweck an dessen Stelle setzt[303]. Damit lag in der solchermaßen unbestimmten Norm bereits kein Verbot. Selbst wenn ein solches vorausgesetzt werden konnte, wäre aber auch die innere Tatseite des Betruges zweifelhaft, da der Handelnde in seinem Verhalten möglicherweise die Umgehung des Gesetzeszwecks erkennen konnte, was allerdings angesichts der Tatsache, daß das Geschäft ja tatsächlich abgewickelt wird, auch Bedenken begegnet, nicht aber dessen Verletzung. Die Umgehung eines Gesetzes ist indessen kein Strafgrund[304], sondern deutet eher auf einen Mangel des Gesetzes hin und wirft allgemein die Frage nach der Notwendigkeit legislatorischer Tätigkeit auf.

Zur Erörterung der objektiven Mehrdeutigkeit der Norm muß es mit diesen Beispielen sein Bewenden haben. Die Klärung eines jeden der angeschnittenen Probleme wäre eine eigene Untersuchung wert. Festzuhalten ist, daß im Falle der in der ausgeführten Weise bestehenden Widersprüchlichkeit des Gesetzes wegen eines Mangels der formellen Seite kein Verbot besteht[305]. Dies gilt auch dann, wenn die Widersprüchlichkeit nicht aus der einzelnen Norm, sondern aus ihrem systematischen Zusammenhang resultiert, wenn sich die Normen eines Rechtssystems widersprechen[306].

Die Beachtung dieser Grundsätze entscheidet über die Strafbarkeit im Einzelfall und ist bereits deshalb von essentieller Bedeutung für das rechtsstaatliche Strafrecht. Darüber hinaus ist deren Beachtung aber auch für das Rechts-

---

[300] Schönke/Schröder/Eser, § 1 Rdn. 18 mit weiteren Nachweisen.

[301] Ebd.

[302] BGBl 1974 I, S. 3676 (damals noch § 4a).

[303] So auch Lackner, StBG § 263 Anm. III 2 aaa, i. Erg. auch OLG Hamm, NJW 1982, S. 1405; a. A. BGHSt 32, 256 mit weiteren Nachweisen; Ranft, NJW 1986, S. 3167.

[304] Vgl. dazu auch Tiedemann, NJW 1980, S. 1559 sowie FS Dünnebier, S. 533; Stökkel, ZRP 1977, S. 135f.; vgl. auch Stratenwerth, AT, Rdn. 594 kritisch zu BGHSt 3, 101; die dort gebrauchte Formulierung ähnelt der einer vom Reichsgericht schon zu Beginn des Jahrhunderts – JW 1918, S. 451 – aufgehobenen Entscheidung.

[305] Anderer Ansicht Rudolphi, Unrechtsbewußtsein, S. 139, der auch bei objektiver Mehrdeutigkeit der Norm bestrafen will, auch dann, wenn die Zweifel des Täters unbehebbar waren.

[306] Jakobs, 19/31 will hier die Regeln der Pflichtenkollision anwenden.

system insgesamt von Bedeutung, da die praktische Handhabung des Bestimmtheitsgebotes über die praktische Einlösung der Tatbestandsgarantie entscheidet. Die extensive Auslegung des Bestimmtheitsgebots und deren Begründung mit auf materielle Strafwürdigkeitserwägungen rekurrierenden Topoi droht die rechtsstaatlich unverzichtbare Tatbestandsgarantie in Frage zu stellen[307]. Hier ist eine Änderung der Haltung der Rechtsprechung angezeigt. Auf längere Sicht erscheint es eher vertretbar, den Geltungsanspruch eines Normenwerks durch Ausspruch der erkannten Unbestimmtheit zu schwächen als die Tatbestandsgarantie immer weiter einzuschränken.

(2) Widersprüchlicher Umgang mit der Norm

Unklarheiten hinsichtlich der Unrechtsseite der Straftat ergeben sich auch bei einer bestehenden Norm durch widersprüchlichen Umgang mit der Norm seitens staatlicher Stellen. Bei einer Betrachtung derartiger Fälle ist zwischen rechtmäßigem und rechtswidrigem Verhalten staatlicher Stellen zu unterscheiden.

(a) Rechtswidriges Verhalten staatlicher Stellen

Zunächst soll die Kategorie des rechtswidrigen Verhaltens gewürdigt werden. In diesen Fällen verstoßen die zur Strafverfolgung berufenen Organe ihrerseits gegen positives Recht, indem sie die ihnen obliegende Pflicht zur Strafverfolgung durch Nichttätigwerden verletzen. Beispiele dafür finden sich in der Zeit des NS-Regimes, aber auch in jüngster Zeit, etwa bei der steuerrechtswidrigen Duldung der Weiterleitung von Spenden an politische Parteien oder der Förderung sogenannter „alternativer Wohnmodelle" durch Nichteinschreiten gegen Straftäter.

Zunächst muß festgehalten werden, daß derartiges Verhalten der zur Strafverfolgung berufenen Organe keine Disposition über die Norm darstellt. Weder der Anspruch auf Normbefolgung[308] noch der Strafanspruch werden verwirkt[309]. Durch derartiges Verhalten staatlicher Stellen kann das von der Norm geschützte Anerkennungsverhältnis nicht derogiert werden, da diese Stellen nicht zur Disposition über die Norm als solche befugt sind, auch wenn ihnen bei deren Anwendung ein Ermessen zusteht[310], denn das Ermessen eröffnet nur einen Spielraum im Rahmen des geltenden Rechts, der die Dispo-

---

[307] Insbesondere wenn vor den Schwierigkeiten der Identifizierung unklarer Normen offen kapituliert wird, vgl. Kuhlen, S. 475, 468.

[308] So aber Jakob, DB, Beilage 8/1985, S. 24.

[309] Wie hier auch Bernd Schünemann, Parteispenden, S. 49f.

[310] Anders Ulsenheimer, NJW 1985, S. 1930.

sition über die Norm nicht einschließen kann, sondern deren Geltung gerade voraussetzt.

Schwieriger ist dagegen die Beurteilung der subjektiven Zurechnung. Hier kommt es entscheidend darauf an, ob der Handelnde materiell-konkretes Verletzungswissen hatte, d. h. ob er wußte, daß er mit seinem Verhalten ein Anerkennungsverhältnis verletzte. War dies nicht der Fall, scheidet eine vorsätzliche Begehung aus. Indessen besteht bei diesem Vorsatzausschluß keine Beziehung zu dem hier interessierenden rechtswidrigen Verhalten des Staates, dieser ist vielmehr auf Besonderheiten des Sachverhaltes zurückzuführen, die ihrerseits möglicherweise mit der Untätigkeit des Staates in Beziehung stehen. Diese Beziehung ist aber objektiver Natur und wirkt nicht auf die Vorstellung des Handelnden ein. Damit bleibt das staatliche Fehlverhalten in diesen Fällen auch bedeutungslos. Wer etwa im Fall steuerrechtswidriger Parteifinanzierung mit dem Spendenempfänger keine „Zahlstellenvereinbarung“[311] dergestalt getroffen hatte, daß diese die Spenden alsbald weiterleiten sollte und von der erfolgten Weiterleitung nichts wußte, handelte ohne Vorsatz, auch wenn die Unregelmäßigkeiten erst durch die Duldung der Transaktionen ermöglicht wurden[312]. Hier werden allgemeine Prinzipien der Straftatstruktur, nicht aber das rechtswidrige Verhalten des Staates wirksam[313].

Anders liegt es dagegen, wenn der Handelnde wußte, daß er ein Anerkennungsverhältnis verletzte. Derjenige, der die Vorgänge überblickte und etwa eine „Zahlstellenvereinbarung“ getroffen hatte, kann sich auf das rechtswidrige staatliche Verhalten nicht berufen. Sein materiell-konkretes Verletzungswissen beruht auf dem Bewußtsein, daß die Norm durch das staatliche Fehlverhalten nicht derogiert, das Anerkennungsverhältnis dadurch nicht beseitigt wird. Derjenige, der Steuern hinterzieht und weiß, was er tut, kann sich ebenso wenig wie derjenige, der elektrische Energie entzieht, vorsatzrelevant damit entlasten, daß dieses Verhalten früher oder anderenorts, etwa im Rahmen der Förderung „alternativer Wohnmodelle“, staatlich gebilligt wurde. Das Verletzungswissen ergibt sich daher auch regelmäßig aus dem Sachverhalt, da die Taten, im Widerspruch zur späteren Einlassung, heimlich begangen werden. Dieser Befund steht regelmäßig auch der anderen Einlassung entgegen, der Täter habe einen Erlaubnissatz angenommen.

Hier ist festzuhalten, daß auch die Fälle rechtswidrigen Verhaltens des Staates nach allgemeinen strafrechtlichen Regeln zu behandeln sind. Daher kommt dem Fehlverhalten des Staates keine unrechtsrelevante Bedeutung zu[314]. Dies ergibt sich daraus, daß die Norm nicht zur Disposition der Exeku-

---

311 Begriff nach Bernd Schünemann, Parteispenden, S. 37.

312 Vgl. AG Bochum, NJW 1985, S. 1968ff.; AG Köln, DStZ 1985, S. 227ff.

313 Anders Bernd Schünemann, aaO., S. 55.

314 Insoweit nicht deutlich genug Lüderssen, wistra 1983, S. 231: Entscheidend ist nicht, was das Finanzamt erlaubt, sondern was der Täter weiß.

tive steht. Für den Fall, daß sich diese mehr oder weniger offen gegen das Recht stellt, kann die Gemeinschaft nicht damit belastet werden, indem der Strafrechtsschutz durch das Fehlverhalten verkürzt wird.

(b) Rechtmäßiges Verhalten staatlicher Stellen

Auch durch rechtmäßiges Verhalten bei dem Umgang mit der Norm kann es zu Unklarheiten kommen, die jetzt untersucht werden sollen. Diese Unklarheiten sind insbesondere auf widersprüchliche Normkonkretionen durch den Staat zurückzuführen.

(aa) Widersprüchliche Gerichtsentscheidungen

Die Behandlung der wichtigsten Gruppe, und zwar der widersprüchlichen Gerichtsentscheidungen ist umstritten. Diesen sehr verzweigten Streitigkeiten braucht angesichts der bisher bereits gefundenen Ergebnisse vorerst nicht im einzelnen nachgegangen zu werden. Dies ist darauf zurückzuführen, daß das Problem allgemein nach den für § 17 StGB entwickelten Vermeidbarkeitsmaßstäben beurteilt wird, mit der Folge, daß auch bei fehlendem Bewußtsein der Rechtswidrigkeit eine Bestrafung möglich ist[315], während nach den hier entwickelten Maßstäben die Lösung dagegen auf der Unrechtsebene zu suchen ist. Das Verhalten ist entweder Unrecht oder es ist es nicht. Im negativen Fall stellt sich die weitere Frage der fahrlässigen Begehung, die hier allerdings nicht erörtert wird. Zu untersuchen ist nunmehr, ob derjenige, dessen Verhalten in der Rechtsprechung kontrovers beurteilt wird, strafbares Unrecht begeht.

Zur Beantwortung dieser Frage ist davon auszugehen, daß eine Norm durch ihre Konkretion in der Anwendung konturiert, das in ihr enthaltene Verbot faßbar wird[316]. In dieser Überlegung ist die Antwort bereits enthalten, da sich widersprüchliche Gerichtsentscheidungen als widersprüchliche Konkretionen einer Norm und damit als Fall der Widersprüchlichkeit der Norm darstellen[317]. Dieser Zustand ist damit ebenso zu behandeln, wie der Fall der widersprüchlichen Norm, d.h. es besteht kein Verbot, bis die Widersprüchlichkeit beseitigt ist.

Gegen dieses Ergebnis kann nicht durchschlagend eingewandt werden, durch die Widersprüchlichkeit der Konkretionen sei der Täter auf die Mög-

---

315 Vgl. LK-Schroeder, § 17 Rdn. 39, die hier vertretene Auffassung klingt aber an z.B. bei Stratenwerth, AT, Rdn. 593.

316 Vgl. oben IV. 6. c) bb) (2) (a) (cc) α) γγ) (β).

317 Vgl. zur in sich widersprüchlichen Konkretion Stratenwerth, Verantwortung und Gehorsam, S. 129 mit weiteren Nachweisen.

lichkeit der Unrichtigkeit seiner Auffassung hingewiesen worden[318]. Es trifft zwar zu, daß gerichtliche Konkretionen des Gesetzes eine höhere Gewähr für ihre systematische Richtigkeit bieten, als die vom Bürger selbst vorgenommenen[319]. Deshalb muß es dem Bürger auch grundsätzlich verwehrt sein, diese Entscheidungen selbst zu überprüfen. Dies ergibt sich jedoch nicht daraus, daß den Gerichten eine Autorität durch Machtfülle zukommt[320] oder deshalb, weil ihnen eine Aufgabe von der Gemeinschaft übertragen ist[321], sondern deshalb, weil die erkennenden Subjekte juristisch geschult sind. Die Funktion der Gerichte erschöpft sich also darin, Normen zu konkretisieren. Der sich daraus ergebende Ordnungswert ist ein reflexiver Wert, aber nicht Selbstzweck des gerichtlichen Verfahrens. Es trifft auch zu, daß die gerichtlichen Entscheidungen wegen der Qualifikation der erkennenden Subjekte und wegen deren Unabhängigkeit eine Vermutung der Rechtmäßigkeit für sich haben[322]. Diese Vermutung der Rechtmäßigkeit gilt aber nur im Verhältnis zum Bürger und beruht auf dem Kompetenzvorsprung des Juristen. Sie gilt dagegen nicht innerhalb des gleichfalls kompetenten Kreises[323]. Dies zeigt bereits die Tatsache, daß gerichtliche Entscheidungen anfechtbar sind und dadurch einer Überprüfung zugeleitet werden können. Auch rechtskräftige oder höchstrichterliche Entscheidungen haben die Rechtmäßigkeitsvermutung nur solange für sich, wie sie nicht von der Gemeinschaft in qualifizierter Form in Frage gestellt werden. Dieses aber findet statt, wenn die Gemeinschaft durch ein gleichrangiges Gericht eine andere Auffassung artikuliert. In dieser Lage steht fest, daß nicht beide Entscheidungen richtig sein können. Daher ist die Norm widersprüchlich konkretisiert. Damit darf sich der Bürger auf eine aktuelle und rechtskräftige Konkretisierung der Norm auch dann verlassen, wenn diese nicht unwidersprochen ist.

Da dieses Ergebnis nicht auf dem Vertrauensschutzgesichtspunkt[324], sondern auf dem Mangel des Verbots beruht, kommt es nicht auf die Kenntnis des Handelnden von dieser Rechtsprechung an. Der Mangel der Norm wirkt sich auch bei demjenigen aus, der von der kontroversen Rechtsprechung nicht weiß und sogar bei demjenigen, der sein Verhalten für rechtswidrig hält[325]. Diese Situation kann nicht mit der Situation gleichgestellt werden, in der noch

---

[318] In diesem Sinne aber offenbar LK-Tröndle, § 17 Rdn. 39.

[319] So Rudolphi, Unrechtsbewußtsein, S. 103.

[320] Vgl. die Nachweise bei Stratenwerth, Verantwortung und Gehorsam, S. 49.

[321] Diese Erwägungen klingen aber bei Rudolphi, Unrechtsbewußtsein, S. 103, an.

[322] Rudolphi, ebd.

[323] Auf dieser Erkenntnis beruht auch die von Rudolphi, Unrechtsbewußtsein, S. 105f. aufgestellte These, der gelehrte Jurist, der die Unrichtigkeit einer gerichtlichen Entscheidung, die sein Verhalten erlaubt, durchschaue, sei daher verantwortlich.

[324] So aber Rudolphi, Unrechtsbewußtsein, S. 105.

[325] Anders Rudolphi, ebd.; Stree, Grundgesetz und Deliktsfolgen, S. 82.

keine Konkretion der Norm stattgefunden hat[326]. Dort ist das Verbot noch nicht in konträrer Weise konkretisiert und steht damit der Konkretisierung im zur Entscheidung stehenden Einzelfall offen. Daß der Handelnde dabei die auf Gesetzesebene konkretisierte Norm in der Laiensphäre gekannt haben muß, kann an dem Ergebnis nichts ändern. Entscheidend ist in diesem Zusammenhang die objektive Seite der Norm, deren Fehlen nicht mit einer Verletzungsvorstellung des Täters substituiert werden kann.

In diesen Fällen unklaren Verbots muß die Gemeinschaft mit den ihr zuzurechnenden Folgen des unklaren Verbots belastet werden, da die Ursache der Unklarheit in ihrer Struktur angelegt ist. Dies gilt nur dann nicht, wenn die Konkretion der Norm, wie in den oben bereits behandelten Fällen, ungesetzlich ist und der Täter dies erkannt hat. Hier sind die bereits oben ausgeführten Maßstäbe[327] anzulegen. So wäre etwa eine Entscheidung, die die im Rahmen der sogenannten „Endlösung" begangenen Tötungsverbrechen für rechtmäßig erklärt hätte, aus den ausgeführten Gründen ungesetzlich gewesen. Hier läge aber auch kein rechtmäßiges Verhalten des Staates mehr vor, so daß bereits deshalb keine wirksame Konkretion gegeben wäre.

(bb) Widersprüchliche Entscheidungen von Behörden

Die soeben ausgeführten Grundsätze gelten aber nur für kontroverse Gerichtsentscheidungen, nicht dagegen für Normkonkretionen anderer staatlicher Stellen, auch wenn diese dazu berufen sind. Dies beruht darauf, daß die letztverbindliche Normkonkretion ausschließlich Sache der Gerichte ist, so daß Normkonkretionen auch staatlicher Stellen gerichtlich überprüfbar sind. Im Falle der kontroversen Entscheidungen von Behörden hat damit der Satz, daß sich der Täter nicht ohne weiteres die ihm günstig erscheinende Entscheidung zu eigen machen und sich darauf berufen darf, Gültigkeit. Hier trifft auch die Erwägung zu, daß der Täter durch die divergierende Entscheidung auf die mögliche Rechtswidrigkeit seines Verhaltens aufmerksam wird. In diesen Fällen muß der Täter Erkundigungen einziehen, insbesondere bei der für ihn zuständigen Behörde nachfragen.

Die Widersprüchlichkeit von Normkonkretionen staatlicher Stellen schlägt damit nur dann auf die Norm durch und macht diese widersprüchlich, wenn sie letztverbindlich ist. Anderenfalls ist die Kontroverse ein Anlaß, Nachforschungen anzustellen.

326 So aber Rudolphi, ebd.

327 Vgl. oben IV. 6. c) bb) (2) (a) (dd).

cc) Falsche Rechtsauskunft

Zu betrachten ist schließlich der Fall der falschen Rechtsauskunft über die Reichweite einer Norm. Hierzu gehört nicht der Fall, daß der Täter Auskunft über die Reichweite eines Erlaubnissatzes einholt, also bereits bei der Auskunftserteilung weiß, daß sein Verhaltensprojekt auch im Falle einer die Rechtswidrigkeit verneinenden Auskunft ein Anerkennungsverhältnis verletzen wird. Dieser Fall wird später behandelt werden. Bei der hier behandelten Konstellation ist etwa an den Fall zu denken, daß die Auskunft begehrt wird, ob ein Verhalten unter ein gesetzliches Verbot, etwa des GWB fällt[328] oder nicht.

Auszugehen ist hier wiederum von der materiellen Laienperspektive. Es kommt darauf an, ob der Handelnde die Auskunft für verbindlich gehalten hat. Ist dies der Fall, dann entfällt das materiell-konkrete Verletzungswissen auch dann, wenn der Täter die objektiv inkompetente Auskunftsstelle fahrlässig für vertrauenswürdig gehalten hat. Das setzt allerdings voraus, daß der Handelnde von der Richtigkeit der Auskunft vollständig überzeugt war, d.h. kein Zweifel an der Kompetenz der Auskunftsstelle und an der von ihr gegebenen Auskunft hatte. Wegen der bereits ausgeführten Bedeutung des materiell-konkreten Verletzungswissens als subjektive Kategorie und ihrer vernunftschlüssigen Anwendung auf die konkrete Tatsituation als Kriterien subjektiver Zurechnung verbietet sich in diesem Zusammenhang ein objektivistischer Maßstab und damit ein Abstellen auf die Vertrauenswürdigkeit der Auskunft. Auch auf dem über eine falsche Rechtsauskunft führenden Umweg kann das Subjekt, ebenso als wenn es in eigenen Kategorien bleibt, zu arglosem Verletzungshandeln kommen. Dieses ist aber einheitlich nach den oben entwickelten Kriterien zu würdigen. Dem kann nicht entgegengesetzt werden, derjenige, der eine Rechtsauskunft einhole, habe ursprünglich Unrechtszweifel gehabt, die ihn zur Einholung der Auskunft veranlaßt hätten. Ein Anknüpfen an diesen früher vorhanden gewesenen Zweifel würde die faktisch erteilte Auskunft unberücksichtigt lassen, die die Vorstellung des Auskunftsempfängers aber entscheidend geprägt hat.

Der frühere Zweifel ist daher nur dann von Bedeutung, wenn festgestellt werden kann, daß die Auskunft ihn nicht ausgeräumt hat. Bei der Würdigung dieser Frage können im Einzelfall die für die Beurteilung der Vertrauenswürdigkeit der Auskunft herangezogenen Kriterien von Bedeutung sein. Dies ist aber Tatfrage. Daher werden die Persönlichkeitsstruktur des Betroffenen, seine Bildung und seine speziellen Kenntnisse in Beziehung auf den Auskunftsgegenstand von Bedeutung sein.

---

328 Vgl. den Fall von BGHSt 21, 18ff. Die dortige Besonderheit, daß die Betroffenen auf die angebliche Rechtswidrigkeit ihres Verhaltens hingewiesen worden waren, muß hier außer Betracht bleiben.

dd) Einschränkung der strafrechtlichen Haftung

Wenn in der Literatur von der ausufernden Normenfülle, der zunehmenden Unbestimmtheit der Normen und der Begrenzung des dadurch ausufernden Haftungsrisikos des einzelnen durch die subjektive Zurechnung die Rede ist[329], so ist dies zwar im Grundsatz zu begrüßen, die Betrachtung der Zusammenhänge ist aber verkürzt auf die äußere Seite der Intersubjektivität. In Wahrheit ist nicht die Kompensation als aus dem Gerechtigkeitsgefühl entspringendes Bedürfnis Grund der limitierten Zurechenbarkeit[330], diese ist vielmehr zurückzuführen auf die interpersonale Begründung des Rechts. Der Unterschied in der Begründung ist von erheblicher Bedeutung: Über das Bedürfnis nach Limitierung sowie über einen Maßstab dafür kann kontrovers diskutiert werden[331], über die Begründung der Limitierung unter Berücksichtigung der Interpersonalität nicht. Auch wenn auf dieser Grundlage im Einzelfall viele Fragen offen bleiben mögen, erlaubt die Berücksichtigung der Interpersonalität doch ihre konsistente Entscheidung unabhängig von Zweckerwägungen, denen die Begründung mit dem Gerechtigkeitsbedürfnis leicht Wirksamkeit verschaffen könnte. Ferner liegt ein wesentlicher Unterschied in der Wirkung der Zurechnungseinschränkung. Während nach einer Auffassung eine Einschränkung nur über § 17 StGB und damit über den Verbotsirrtum als regulatives Korrektiv[332] für möglich gehalten wird, verlangt eine andere Ansicht eine fallweise fixierbare Zurücknahme des Normanspruchs[333]. Damit werden erneut Vorsatz- und Schuldtheorie zur Wahl gestellt, je nachdem auf welcher Ebene sich der Irrtum auswirken soll.

Beide Lösungsangebote können nicht befriedigen[334]. In der Regelung über den Verbotsirrtum kann nicht ein Korrektiv für dogmatisch zweifelhafte Fälle gesehen und die Anwendung dieser Norm dem Gutdünken des jeweiligen Anwenders überlassen werden, der dogmatische Zweifel verspürt. Die darin angelegte Entwicklung hat sich in der mehr als restriktiven Anwendung der Verbotsirrtumsregeln in der Rechtsprechung gezeigt. Es gilt, nicht dem Rechtsanwender die Anwendung guten Willens und irgendeinen Ausweg aus seinen dogmatischen Unklarheiten zu ermöglichen, sondern diese Unklarheiten durch Bildung distinkter dogmatischer Kategorien zu beseitigen. Dieses Ziel kann jedoch nicht durch eine Zurücknahme des Normanspruchs erreicht werden, sondern nur durch dessen dogmatisch konsistente Bestimmung. Die

---

329 Lüderssen, wistra 83, S. 229; Naucke, Generalklauseln, S. 24f.

330 Dies klingt an bei Lüderssen, wistra 1983, S. 229, der zutreffend von der Frage der „Rechtsgeltung“ spricht.

331 Kuhlen, S. 470ff. gegen Lüderssen, wistra 1983, S. 229ff.

332 Deckers in: Unrechtsbewußtsein, S. 68.

333 Lüderssen, wistra 1983, S. 230.

334 Vgl. die Kritik Kuhlens, S. 468ff. an Lüderssen, ebd.

Zurücknahme des übersteigerten Geltungsanspruchs der Norm ist deren Ergebnis, nicht aber deren Ursache.

Eine aus der intersubjektiven Grundlage des Rechts abgeleitete Bestimmung der Norm und des dadurch konstituierten Unrechts ergibt aber eine Einschränkung bereits der äußeren Seite der Norm. Diese Konsequenz ist auch sachgerecht, da es nicht angehen kann, den einzelnen der Gefahr auszusetzen, aufgrund einer gesetzgeberischen Fehlleistung bestraft zu werden. Das geschieht, wenn auf die bestehenden Mißstände lediglich mit Korrektiven im Bereich der subjektiven Zurechnung reagiert wird. Veränderungen in diesem Bereich dürfen nicht als Korrektive für unzulängliche Normbildung fungieren, sondern müssen als Folgen der richtigen Konstitution und des richtigen Umgangs mit der Norm erscheinen. Dies setzt die Kenntnis der Normbegründungszusammenhänge und die unbedingte Respektierung der sich daraus ergebenden Folgen voraus.

f) Unrechtsbewußtsein als Bewußtsein des Verletzungsverbots

Nachdem nunmehr die Unrechtsseite der Straftat betrachtet wurde, soll deren Verhältnis zur Schuld, insbesondere zum Unrechtsbewußtsein untersucht werden. Dies soll geschehen im Rahmen der Bestimmung der Voraussetzungen des Unrechtsbewußtseins.

aa) Ambivalenz des materiell-konkreten Verletzungswissens

Das Unrechtsbewußtsein setzt in seiner gefundenen Konkretion als Selbstbestimmung in einer Weise des Selbstseins als Mitsein[335] das Verletzungswissen in zweifacher Weise voraus: Zunächst ist das Unrecht systematische Voraussetzung für eine Erörterung der Frage des Unrechtsbewußtseins. Dieser auf einer Trennung der Straftatelemente Unrecht und Schuld beruhende Zusammenhang ist im Rahmen der Darlegung der Normbewußtseinsrelevanz für das Unrecht bereits ausgeführt worden[336]. Daneben ist das materiell-konkrete Verletzungswissen aber auch für die Ausfüllung des Merkmals Unrechtsbewußtsein von Bedeutung und konstituiert dieses mit. Diese doppelte Funktion des Verletzungswissens wird auch in der neueren Literatur weitgehend anerkannt[337]. Zur Verdeutlichung dieser multifunktionalen Dimension des Verletzungswissens ist hier klarzustellen, daß das materiell-konkrete Verletzungswissen als konstitutives Unrechtselement das Wissen um die Verletzung eines Anerkennungsverhältnisses äußerer Freiheit umfaßt,

---

335 Schmidt-Klügmann, S. 74; vgl. auch oben 1. a).

336 Vgl. oben b).

337 Vgl. Schönke/Schröder/Eser/Lenckner vor § 13 Rdn. 121.

während das Unrechtsbewußtsein das Wissen des Täters um die Bewertung des Unrechts durch die Gemeinschaft enthält[338].

In der Funktion des Verletzungswissens in seiner Allgemeinheit als Ausfüllung des Unrechtsbewußtseins liegt das Inbeziehungsetzen des eigenen Verhaltens zur Rechtsordnung durch den Täter und die Erkenntnis des Verbotenseins. Bezugspunkt dessen muß die formelle Ordnung sein, da der Täter wissen muß, daß sein Verhalten durch diese verboten ist. Dabei ist es aber nicht erforderlich und auch angesichts der zur Normkenntnis gemachten Ausführungen auch praktisch unmöglich, daß er das formelle Verbot vom Wortlaut her kennt. Auch dieses Bewußtsein des Täters ist materiell zu bestimmen, so daß für eine Bestrafung nicht das Bewußtsein der Strafbarkeit im formellen Sinne erforderlich ist, wohl aber im materiellen Sinne in der Weise, daß sich die Bewertung des Verhaltens durch die Gemeinschaft in der Parallelwertung des Täters wiederfindet.

bb) Beziehung zwischen Verletzungswissen und Unrechtsbewußtsein

Folge der straftatsystematischen Trennung ist es, daß aus dem materiell-konkreten Verletzungswissen nicht ohne weiteres auf das Unrechtsbewußtsein geschlossen werden kann, denn dann würde das Unrechtsbewußtsein in sachlich verfehlter Weise auf Schuldfähigkeit, bzw. auf normative Ansprechbarkeit reduziert. Zwar sind die Elemente in den meisten Fällen in dieser Weise gekoppelt, es gibt jedoch Ausnahmen, die es verbieten, die Koppelung allgemein zu setzen. Die Fälle des Affekttäters und des im Defektzustand Handelnden zeigen, daß die Verletzung der Bedingungen äußerer Freiheit auch verwirklicht werden kann, ohne daß die Bewertung dieses Verhaltens handlungsvermittelt gegenwärtig ist. Dabei zeigt gerade der Fall des im Defektzustand Handelnden, daß das Unrechtsbewußtsein mehr ist als lediglich die Abwesenheit von pathologischen Einflüssen. Ferner ist der indirekte Verbotsirrtum ein Fall des Handelns mit materiell-konkretem Verletzungswissen, in dem dennoch das Bewußtsein des Verstoßes gegen die Rechtsordnung fehlt.

Diesem Argument könnte damit begegnet werden, daß die Ausnahmefälle für die Praxis von so geringer Bedeutung sind, daß sie für die Prinzipienbildung vernachlässigt werden können und die Koppelungsregel gleichwohl gilt[339]. Gegen eine solche Auffassung bestehen aber Bedenken, da nicht nur die Affektfälle und die Fälle biologischer Defizienz zum Fehlen der Verbotskenntnis führen können, sondern auch die angesichts der oben ausgeführten Zusammenhänge zwischen formeller und materieller Rechtsordnung[340] gewiß nicht seltenen Fälle, in denen der Täter zu Unrecht vom Eingreifen einer

338 Vgl. Köhler, GA 1981, S. 287.

339 Diese These ist zu erkennen bei Schewe, S. 193; Jakobs, 19/7ff.

340 Vgl. oben IV 6) c) bb) bbb) aaaa) (3) γ).

Gegennorm ausgeht, die sein Verhalten trotz objektiv gegebener Verletzung erlaubt. Ungeachtet der Frage der praktischen Überzeugungskraft, die hier nicht weiter untersucht werden soll, ist einer derartigen Argumentation aber entgegenzuhalten, daß sie von falschen Voraussetzungen ausgeht, da die verschiedenartige Ableitung der Elemente, die sich auch auf den straftatsystematischen Bezugspunkt der für die Ausfüllung der Elemente bedeutsamen Fragestellungen auswirkt, außer Betracht bleibt. Wenn das Unrechtsbewußtsein mit dem Verletzungswissen in eins gesetzt wird, ist dies widersprüchlich, da die auf einen Gegenstand bezogene Wertung nicht mit diesem identisch sein kann. Die Unauflösbarkeit dieses Widerspruchs beruht darauf, daß die Kenntnis der Bedingungen äußerer Freiheit notwendig etwas anderes ist als die Bewertung der Verletzung dieser Bedingungen. Daneben läge in der Koppelungsregel die Gefahr des völligen Verzichts auf eine Feststellung strafbegründender Kenntnis der Rechtsverletzung, indem die Vorsatzfeststellung in formeller Sichtweise vollzogen und aus der so getroffenen Feststellung lediglich willensgetragenen Verhaltens auf die Bewertung durch das Subjekt im Sinne des Unrechtsbewußtseins geschlossen wird. Das Ergebnis einer solchen Vorgehensweise wäre eine Bestrafung ohne Feststellung von Normkenntnis. Selbst wenn es empirische Sätze gäbe, die es erlaubten, aus einer bestimmten Verhaltenstypizität auf eine bestimmte Bewertung derer durch den Handelnden zu schließen, was wegen der Individualität des Subjekts Fiktion bleiben muß, wäre das bezeichnete Vorgehen gleichwohl rechtsstaatlich unvertretbar, da eine im hier behandelten Sinne gesetzlich legitimierte Bestrafung die positive Feststellung ihrer notwendigen Voraussetzungen erfordert und diesbezüglich nicht auf Vermutungen gestützt werden darf.

Trotz der häufig vorliegenden Koppelung des Verletzungswissens und des Wissens um das Verbotensein der Verletzung muß damit sowohl das unrechtsrelevante als auch das schuldrelevante Normbewußtsein des Handelnden festgestellt werden können. Aus dem Vorliegen des Verletzungswissens kann daher nicht ohne Berücksichtigung der Subjektsqualität des Handelnden, insbesondere seiner Bildung und Sozialisation, auf das Unrechtsbewußtsein geschlossen werden.

cc) Qualifizierung der Verletzung durch das Subjekt

Aus dem Ausgeführten ergibt sich, daß im Rahmen der materiellen Verletzungsvorstellung das Bewußtsein der Verletzung eines irgendwie gearteten Anerkennungsverhältnisses nicht ausreicht. Aus der Rechtsbezogenheit der untersuchten Fragen folgt, daß die Annahme einer nur sittlich oder moralisch relevanten Verletzung keine Strafbarkeit begründen kann. Insoweit besteht auch weithin Übereinstimmung[341].

[341] Vgl. Schönke/Schröder/Cramer, § 17 Rdn. 4, der aber zu Unrecht meint, aus einem derartigen Vorstellungsinhalt auf die Vermeidbarkeit eines Verbotsirrtums schließen zu können.

Entgegen der verbreiteten Ansicht genügt aber auch die Annahme eines zivilrechtlichen Verstoßes oder eines als Ordnungswidrigkeit oder Disziplinarvergehen zu verfolgenden Verhaltens nicht für die Strafbarkeit des Täters. Dessen Vorstellung muß vielmehr auch und gerade das Bewußtsein eines strafrechtlich relevanten Verstoßes umfassen. Dieses Bewußtsein der Strafbarkeit ist nicht als Bewußtsein im formellen Sinne zu verstehen, etwa derart, daß der Täter das Strafgesetz kennen muß. Aus dem oben dargestellten Zusammenhang zwischen materiellem Verletzungswissen und materiellem Unrechtsbewußtsein[342] ergibt sich vielmehr die Notwendigkeit der Kenntnis der Strafbarkeit im materiellen Sinne. Das bedeutet, daß der Täter sein Verhalten für eine so gravierende Verletzung eines Anerkennungsverhältnisses gehalten haben muß, daß der Behandelte oder die Behandelten in der Behandlung nicht mehr als dem Handelnden gleiche Vernunftwesen anerkannt werden, das Verhalten daher bestraft werden kann. Bei der Anwendung dieser konsistenten Bestimmung des Unrechtsbewußtseins hinsichtlich dieser Frage sind, einmal abgesehen von der methodischen Fragwürdigkeit eines solchen Arguments, auch keine gravierenden Strafbarkeitslücken zu befürchten. Der Täter, der strafrechtliches Unrecht verwirklicht, erkennt aufgrund seiner intersubjektiven Vermittlungszusammenhänge, in denen er sich befindet und die er in seinem Vorleben erfahren hat, regelmäßig das Gravierende seines Verstoßes für die Gemeinschaft. Dies ist der richtige Gehalt der Lehre von der Appellfunktion des Tatbestandes und von der Impulslehre, wenn sie in den hier entwickelten Zusammenhängen angewandt werden.

dd) Einwände gegen die materielle Bestimmung des Unrechtsbewußtseins

Da nach hier vertretener Auffassung entsprechend der materiellen Bestimmung des Vorsatzes auch das Unrechtsbewußtsein in materieller Perspektive zu bestimmen ist, sind die dagegen erhobenen Einwände zu betrachten[343]. Hier kann weitgehend auf das oben zur materiellen Bestimmung des Vorsatzes Ausgeführte verwiesen werden. Die Bedingungen der Normkenntnis im Sinne des Verletzungswissens sind dort diskutiert worden. In den bisher behandelten Fällen war mit dieser Normkenntnis auch die richtige Bewertung der Verletzung des Anerkennungsverhältnisses gegenwärtig, da die Fälle biologischer Mangelgründe aus der Betrachtung ausgeschieden worden waren. Die danach verbleibenden Fälle trotz Verletzungswissens fehlenden Unrechtsbewußtseins werden im nächsten Teil der Untersuchung betrachtet werden. Soweit den gegen eine materielle Bestimmung des Unrechtsbewußtseins vorgebrachten Einwänden danach noch eine Bedeutung zukommt, wer-

[342] Vgl. oben 1. g).
[343] Vgl. Kuhlen, S. 468ff.

den diese im jeweiligen Zusammenhang gewürdigt werden. An dieser Stelle haben die Einwände neben der oben vollzogenen Würdigung keine eigenständige Bedeutung mehr. Die Gründe, die zu einer Ablehnung der Koppelungslehre und der Ineinssetzung von Verletzungswissen und Unrechtsbewußtsein führten, auf der diese aufbaut, stehen dem nicht entgegen. Soweit es sich dabei um das Zurgeltungbringen der Subjektivität handelte, ist damit die Grenze des im Rahmen einer allgemeinen Untersuchung Diskutablen erreicht und alles weitere Frage des Einzelfalls. Soweit es sich dabei um systematische Erwägungen handelte, wird deren Erörterung im einzelnen noch folgen.

g) Strafbegründung bei Deliktsbegehung mit aktuellem Unrechtsbewußtsein

Damit wird die Begründung für die Verhängung der jeweils zuzumessenden Strafe beim Handeln mit aktuellem Unrechtsbewußtsein darin gefunden, daß der Täter die ihm durch einen Vermittlungsprozeß gegenwärtigen Bedingungen äußerer Freiheit anderer in ihrem objektiv-allgemeinen Geltungsdasein bewußt und gewollt verletzt und dabei weiß, daß der Behandelte in der Behandlung nicht mehr als Vernunftwesen anerkannt wird.

3. Problematische Fälle

Damit sind aber noch nicht alle Fälle erfaßt, in denen gegenwärtig eine Strafe verhängt werden kann. Es fehlen die Fälle, in denen der Täter zwar mit materiell-konkretem Verletzungswissen, aber dennoch in der Meinung handelte, sein Verhalten sei erlaubt. Dies kann der Fall sein, wenn ein Affekt dem Handelnden das verbotswidrige seines Tuns nicht gegenwärtig werden läßt oder wenn er das Verletzungsverbot zwar kennt, dieses jedoch aufgrund einer Gegennorm, sei es allgemein, sei es für die konkrete Tatsituation, für ausgeschlossen hält. In diesen Fällen hat der Handelnde nach dem bisherigen Stand der Untersuchung kein aktuelles Unrechtsbewußtsein. Im nächsten Teil der Untersuchung werden daher diese Fälle anhand der bisher gefundenen Maßstäbe betrachtet.

3. Teil

Bestrafung bei Tatbegehung ohne aktuelles Unrechtsbewußtsein?

Zur Klärung der Frage, ob eine Bestrafung stets aktuelles Unrechtsbewußtsein erfordert oder ob gemäß § 17 2 StGB auch das sogenannte „potentielle" Unrechtsbewußtsein genügt, sollen die nach den vorangegangenen Untersuchungen noch verbleibenden Fälle des Verbotsirrtums systematisiert werden, wobei dies nach dem Mangelgrund des Unrechtsbewußtseins geschieht. Dabei wird für die jeweils gefundene einschlägige Kategorie nach der oben entwickelten Bestimmung des Unrechtsbewußtseins erörtert werden, ob dessen Voraussetzungen vorliegen. Auszugehen ist dabei davon, daß dem Täter die den Normen zugrundeliegenden Anerkennungsverhältnisse vermittelt sind und er die Norm und damit das Verletzungsverbot kennt.

1. Abschnitt

Affekt

Der Fall der Nichtanwendung der Norm in der konkreten Tatsituation kann zunächst darauf beruhen, daß sich der Handelnde in einem sogenannten Affekt befunden hat, der ihm die Erkenntnis des Verbotenseins und damit die Anwendung der ihm an sich zur Verfügung stehenden Kategorie unmöglich machte. Wie eingangs bereits klargestellt wurde, wird die Kategorie auch des normalpsychologischen Affekts im Rahmen dieser Untersuchung nicht weiter berücksichtigt, da auch der normalpsychologische Affekt eine – im Verhältnis zum Normalzustand des Subjekts gesehen – Unfreiheit bedeutet. Hier geht es dagegen ausschließlich um Strafbegründung und damit zusammenhängende Kategorienbildung in bezug auf das frei verantwortlich handelnde Subjekt.

2. Abschnitt

Annahme einer Gegennorm

Es bleiben die Fälle zu erörtern, in denen der Handelnde eine Gegennorm anwandte, dies aber von der Gemeinschaft nicht anerkannt werden kann, da die vom Täter angewandte Gegennorm nicht mit der vom allgemeinen Willen gebildeten Ordnung übereinstimmt.

A. Besondere Gegennorm

Hier sind zunächst die Fälle zu würdigen, in denen der Täter um die Verletzung und auch um deren Verbot weiß, die Verbindlichkeit des allgemeinen Willens für sich aber ablehnt und damit eine vom allgemeinen Willen besondere Gegennorm für sich selbst bildet, die ihm die Verletzung erlaubt. Diese Konstellation tritt bei den Gewissens- und Überzeugungstätern auf. Von den Fällen bereits abschließend gewürdigter bewußter Verletzung unter bewußtem Normverstoß unterscheiden sich diese Fälle dadurch, daß der Handelnde hier nicht lediglich aufgrund seines divergierenden Willens delinquiert, sondern sich zu seinem Verhalten durch eine von ihm für verbindlich gehaltene Gegennorm entweder, beim Überzeugungstäter im Sinne unwiderstehlichen Zwanges einer ethischen Kategorie oder, beim Gewissenstäter doch zumindest im Sinne erheblichen Motivationsdrucks einer sonstigen Gegennorm verpflichtet fühlt[1]. Für die hier durchgeführte Untersuchung ist bei Anlegung der oben entwickelten Maßstäbe zentraler Gesichtspunkt, daß der Handelnde zum relevanten Zeitpunkt die Norm und ihre Gültigkeit für die Allgemeinheit gekannt hat. Insoweit unterscheidet er sich damit nicht vom Normalfall des Normverletzers. Auf die Kenntnis der Gültigkeit der Norm kommt es im vorliegenden Zusammenhang aber allein an. Damit ist nichts darüber gesagt, ob und bejahendenfalls in welcher Weise dem geschilderten Motivationsdruck im Zusammenhang mit der Schuldfrage Rechnung zu tragen ist; dies zu erwägen ist aber nicht Gegenstand der Untersuchung.

B. Allgemeine Gegennorm

Von Bedeutung sind hier jedoch die Fälle, in denen der Handelnde eine Gegennorm anwandte, die er irrtümlich als dem allgemeinen Willen entsprechend qualifizierte.

I. Verbotsirrtum als indirekter Irrtum

Dieser Fall wird verbreitet als indirekter[2] Verbotsirrtum bezeichnet. Oben wurde im Rahmen der Erörterung der Fälle des unbefangenen Handelns bereits angedeutet, daß sich nach richtiger Sichtweise der Verbotsirrtum als solcher in diesen Fällen erschöpft. Danach stellt sich erst hier und nur hier die

---

[1] So die allgemeine Definition vgl. Peters, FS Mayer, S. 257ff.; Heinitz, ZStW 78 (1966), S. 643ff.

[2] Schönke/Schröder/Cramer, § 17 Rdn. 10 mit weiteren Nachweisen.

Frage der Vermeidbarkeit. Diese impliziert jedoch die Frage nach der Zulässigkeit der Bestrafung bei „potentiellem" Unrechtsbewußtsein, denn die Vermeidbarkeitsfrage setzt logisch die Feststellung des fehlenden aktuellen Unrechtsbewußtseins nach bisherigem Erkenntnisstand voraus. Danach scheint die Erörterung der Vermeidbarkeitsfrage die Akzeptanz des „potentiellen" Unrechtsbewußtseins einzuschließen.

II. Strafbarkeit trotz fehlenden aktuellen Unrechtsbewußtseins?

Es ist zu untersuchen, ob bei dem hier festgestellten Befund eine Bestrafung des Täters trotz fehlenden aktuellen Unrechtsbewußtseins mit dem Schuldgrundsatz zu vereinbaren ist.

Nach dem Schuldgrundsatz, der stets aktuelles Unrechtsbewußtsein für eine Bestrafung des Täters erfordert, scheint diese Frage ohne weiteres zu verneinen zu sein: Ohne aktuelles Unrechtsbewußtsein, so der klare Sinn der Entscheidung BGHSt 2, 194, ist eine Bestrafung nicht zulässig. Dies ergibt auch eine Betrachtung des Schuldgrundsatzes. Danach scheint § 17 2 StGB zunächst den Schuldgrundsatz zu verletzen, indem er auch eine Bestrafung des vermeidbar über das Verbotensein seines Verhaltens Irrenden vorsieht. Danach wäre das „potentielle" Unrechtsbewußtsein auch beim indirekten Verbotsirrtum keine taugliche Grundlage für die Annahme schuldhafter Begehung der Tat. Gegen eine solche Sichtweise sind jedoch Bedenken geltend zu machen.

Es ist zu erinnern, daß die Ablehnung des potentiellen Unrechtsbewußtseins in seiner oben diskutierten Erscheinungsform deswegen erfolgte, weil es am Verletzungswissen des Handelnden fehlte und sich dieser unbefangen verhielt[3]. Hier liegt dagegen ein solches unbefangenes Verhalten nicht vor. Der Handelnde weiß vielmehr um die grundsätzliche Verbotenheit seines Verhaltens. Zu erwägen ist, ob dieses Bewußtsein Anlaß für den Handelnden ist, sich der rechtlichen Zulässigkeit seines Verhaltens zu vergewissern, und ob sich weiter aus der Nichtbeachtung dessen das durch diese Unterlassung vermittelte aktuelle Unrechtsbewußtsein ergibt.

1. Appellfunktion des materiell-konkreten Verletzungswissens als allgemeiner Anlaß zur Erkundung

Auszugehen ist von dem objektiv gegebenen Befund eines in der Gemeinschaft gegenwärtigen Anerkennungsverhältnisses. Das dieses, wenn auch vermittelt, mitkonstituierende Subjekt erlangt das Bewußtsein der Objektivität des Anerkennungsverhältnisses und damit auch das materiell-konkrete Ver-

---

[3] Vgl. oben 2. Teil, 2. Abschnitt, B. V. 2. f).

letzungswissen als potentielles Wissen im Sinne des Habens einer Kategorie. Darin liegt das Wissen der Behandlung eines anderen oder der Gemeinschaft als unvernünftig. Das antizipierte Wissen von einer konkreten Verhaltensweise als andere so behandelnd beinhaltet untrennbar damit und unmittelbar aus der interpersonalen Ableitung des Rechts im Sinne eines „neminem laede" den Appell an den Erkennenden, dieses Verletzungsverhalten zu unterlassen[4]. Dieser motivatorische Impuls geht bei Konkretion des materiell-konkreten Verletzungswissens dabei sowohl von der als solcher erkannten Verletzung im engeren Sinn als auch von einer Gefährdung eines Anerkennungsverhältnisses aus. Dabei ist nicht erforderlich, daß das materiell-konkrete Verletzungswissen in der Tatsituation unmittelbar gegenwärtig ist. Dieses Wissen kann dem Handelnden auch zu einem früheren Zeitpunkt vermittelt worden sein, aber in der Tatsituation fortwirken.

Als derartige Konstellation kommt typischerweise die Aufnahme einer Tätigkeit in Betracht, die in Beziehung zu Anerkennungsverhältnissen tritt. Der Vertrieb von Lebensmitteln oder Arzneimitteln, der Umgang mit Schußwaffen, die Übernahme der Erteilung von Rechtsrat oder das Bedienen von gefährlichen Maschinen sind nur vereinzelte Beispiele dafür. Bei der Aufnahme einer solchen Tätigkeit ist dem Handelnden der Gefährdungsbezug mitbewußt. Zu dem allgemeinen Anlaß, Anerkennungsverhältnisse zu respektieren, wird er damit durch die Aufnahme seiner Tätigkeit in seiner Subjektivität konkret in Beziehung gesetzt. Wenn er es unter diesen Umständen unterläßt, sich über die die gefährliche Tätigkeit regelnden Vorschriften zu informieren und damit dem Anlaß zu entsprechen, kann er sich in der späteren Tatsituation nicht darauf berufen, er habe kein Unrechtsbewußtsein gehabt. So ist sich etwa derjenige, der ohne dafür qualifiziert zu sein, die Erteilung von Rechtsrat aufnimmt, bewußt, daß daraus für die Ratsuchenden Nachteile eintreten können. Realisiert sich diese Gefahr schließlich, so ist der Handelnde für die Verletzung auch dann verantwortlich, wenn er in actu, etwa weil die Sache einige Zeit lang gutgegangen war, daran nicht gedacht hat. Hier wirkt der Selbstwiderspruch zum Zeitpunkt der Aufnahme der Tätigkeit während deren Ausübung fort und wird dem Handelnden permanent durch diese Tätigkeit vermittelt.

Aus der Objektivitätsseite des Anerkennungsverhältnisses läßt sich somit auf diese Weise eine Erkundungspflicht des Subjekts erkennen, die durch das materiell-konkrete Verletzungswissen vermittelt wird. Der Handelnde muß sich somit über die Rechtmäßigkeit seines Verletzungsverhaltens vergewissern. Hierin liegt der richtige Kern der gleich zu diskutierenden Rechtspflichtlehre, nach der die Rechtsprechung die Vermeidbarkeit des Verbotsirrtums beurteilt.

---

[4] Vgl. Behrendt, S. 50, der die Identität dieses Ergebnisses bei motivationspsychologischer, normentheoretischer oder pflichtenlogischer Ableitung darlegt.

2. Erforderlichkeit materiellen Strafbarkeitsbewußtseins

Die Funktion des materiell-konkreten Verletzungswissens in der hier erkannten Weise setzt voraus, daß der Handelnde seine Verletzung für eine so gravierende hält, daß diese zu bestrafen ist. Nur unter dieser Voraussetzung geht von der Verletzung ein für die strafrechtliche Beurteilung des Verhaltens relevanter Vermeideappell aus. Das hat zur Folge, daß der Täter entgegen der verbreiteten Auffassung, nach der zwar die Vorstellung des reinen Sittenverstoßes nicht ausreichen, es aber genügen soll, wenn der Täter einen Verstoß gegen das Recht, gleich welcher Art annimmt, das materielle Bewußtsein der Strafbarkeit haben muß. Dieses oben bereits begründete Erfordernis[5] findet sich hier für den Fall des Fehlens der Voraussetzung in seiner Funktion bestätigt. Falls dieses Bewußtsein der strafrechtlichen Relevanz im Einzelfall aus solchen Gründen fehlt, die hier untersucht werden, d.h. nicht aus biologischen Gründen und nicht aufgrund eines normalpsychologischen Affekts, so stellt sich unter der Voraussetzung, daß die diesbezügliche Einlassung des Täters glaubhaft ist, die Frage nach der Vermittlung des Wertes, aber auch die Frage nach der Geltung des formellen Gesetzes und nach dessen materieller Legitimation. Wegen der Interdependenz zwischen materieller und formeller Ordnung ist nicht zu verkennen, daß ein solcher Fall der Unkenntnis der materiellen Strafbarkeit den Geltungsanspruch der betroffenen Norm in Frage stellt. Darin könnte, wie bereits eingangs erwähnt[6], ein Grund für die restriktive Handhabung der Vermeidbarkeitsfrage liegen. Diese Handhabung des Verbotsirrtums wäre aber, falls der Zusammenhang tatsächlich so hergestellt wird, bedenklich, da das Infragestellen des Geltungsanspruchs der Norm, wie soeben gezeigt, noch eine weitere Dimension hat: Bevor sich der Rechtsanwender entschließt, den Geltungsanspruch der Norm durch Verhängung von Strafe in dieser ausschließlich präventiv orientierten Sichtweise zu stärken, wobei die vielfältige Kritik, die daran allgemein und auch im Rahmen dieser Untersuchung geübt wurde, ausgeblendet werden soll, muß er methodologisch, zunächst die Frage, die durch das zur Beurteilung stehende Verhalten aufgeworfen wird, beantworten: die Frage nach dem Geltungsanspruch der Norm. Erst wenn dieser Anspruch festgestellt werden kann, kann die weitere Frage nach einer abgeleitet legitimierten Reaktion mit Strafe gestellt werden. Dabei ist der logisch vorrangige Schritt bereits Teil dieser Legitimierung. Es scheint, daß er in der Rechtsanwendung nicht stets die ihm zukommende Beachtung erfährt.

Dieser Zustand ist nicht nur im Lichte der hier vorgenommenen Begründung von Strafe bedenklich, sondern auch aus der Perspektive der Gegenmei-

---

[5] Vgl. oben 2. Teil, 2. Abschnitt, B. V. 2. f) cc).

[6] Vgl. oben 1. Teil.

nung, die sich damit in die Gefahr des Selbstwiderspruchs bringt, daß Strafe gegenüber einem Täter verhängt wird, der vom Boden der Präventionstheorie ihrer gar nicht bedarf[7]. Denn weder muß derjenige, der nicht im Bewußtsein der Verletzung der Gemeinschaftsregeln handelt, spezialpräventiv zu ihrer Beachtung angehalten werden, noch müssen andere generalpräventiv davon abgehalten werden, ihrerseits zu delinquieren. Eine Strafe ließe sich nach allem nur noch dadurch legitimieren, daß der Handelnde dadurch zu zukünftiger intensiverer „Gewissensanspannung" angehalten und andere von der Vornahme gerade der konkreten Verhaltensweise abgeschreckt werden sollen. Da die Funktionslosigkeit der Gewissensanspannung bereits ausführlich dargelegt wurde[8], bliebe bei einer solchen Bestimmung nur der generalpräventive Zweck als Gehalt übrig. Damit aber würde, abgesehen von der Frage, ob eine derartige Normvermittlung mit rechtsstaatlichen Prinzipien zu vereinbaren wäre, der Täter ausschließlich zum Zweck für andere gemacht, ihm geschähe statt Recht Unrecht. Auch die glaubhafte Einlassung des Täters, er habe sein Verhalten zwar für rechtswidrig im zivil- oder disziplinarrechtlichen Sinne oder für eine Ordnungswidrigkeit gehalten, wirft damit die Frage nach der Vermeidbarkeit des so festgestellten Verbotsirrtums auf. Diese Frage ist nicht mit den Maßstäben zu messen, die ein wirkliches oder behauptetes Interesse an Systemstabilisierung mit den Mitteln des Strafrechts setzt. Die Maßstäbe dafür sind vielmehr unter Berücksichtigung der interpersonalen Qualität des Rechts zu entwickeln.

3. Trennung von der Frage der Vermeidbarkeit

Aus dem im materiell-konkreten Verletzungswissen liegenden allgemeinen Anlaß zur Erkundigung kann jedoch noch nicht auf die Vermeidbarkeit geschlossen werden. Diese Frage ist vielmehr getrennt davon zu behandeln, da, wie § 17 StGB das vorsieht, an die Vermeidbarkeit des Verbotsirrtums ein Schuldvorwurf geknüpft werden soll. Das materiell-konkrete Verletzungswissen eröffnet als konstituierendes Element des Verbotsirrtums, indem es dem Handelnden eine Erkundigungslast auferlegt, lediglich die Möglichkeit der Vermeidbarkeit. Wie § 17 StGB zutreffend ausspricht, ist jedoch auch die Unvermeidbarkeit des Verbotsirrtums möglich. Für die Vermeidbarkeit des Irrtums ist daher entscheidend, ob die Nichtvermeidung der Verletzung dem Handelnden vorzuwerfen ist. Dies ist jedenfalls nicht bereits dann der Fall, wenn der Täter aufgrund des materiell-konkreten Verletzungswissens objektiv die Erkundigungspflicht hatte und ihm diese subjektiv durch das Verletzungswissen vermittelt worden war, denn diesem allgemeinen Anlaß zur Vermeidung der Verletzung hat der Handelnde die von ihm fehlerhaft gebildete

---

[7] Vgl. LK-Schroeder, § 17 Rdn. 7.
[8] Vgl. oben 2. Teil, 2. Abschnitt, A. II. 2.

Gegennorm entgegengesetzt und diesen allgemeinen Anlaß damit unter der Voraussetzung, daß seine diesbezügliche Einlassung glaubhaft ist, neutralisiert.

Sich dabei falsch verhalten zu haben, ist der Vorwurf, der dem Täter gemacht wird. Dieser Vorwurf setzt die Möglichkeit der Erkennbarkeit und damit der Vermeidbarkeit des Fehlers voraus. Diese Möglichkeit kann aber nicht mit dem Fehler in eins gesetzt werden. Der in dem Verletzungsverhalten implizierte Vermeideappell und die dadurch begründete Erkundigungspflicht unterscheiden den Fall von dem oben diskudierten Fall des unbefangen Handelnden, den diese Pflicht gerade nicht trifft. Hier findet sich der für den Verbotsirrtum konstitutive Charakter des materiell-konkreten Verletzungswissens bestätigt.

Zusammenfassend kann festgehalten werden, daß das materiell-konkrete Verletzungswissen einen allgemeinen Anlaß zu sorgfältiger Erkundigung darstellt, der dem Handelnden in der Tatsituation aktuell bewußt sein muß. Davon zu trennen ist die Frage der Vermeidbarkeit des solchermaßen qualifizierten Verbotsirrtums.

4. Vermeibarkeit

Das Wesen der Vermeidbarkeit wird in Rechtsprechung und Literatur unterschiedlich beurteilt. In der Rechtsprechung ist eine unübersichtliche Kasuistik entstanden. Diese basiert allerdings auf einem Konzept von der Vermeidbarkeit des Verbotsirrtums als der Verletzung einer allumfassenden Rechtspflicht. Grundlegend kommt dieses Konzept in der Entscheidung BGHSt 2, 194 (201) zum Ausdruck, nach der sich jedermann bei allem, was er zu tun im Begriff steht, darüber Klarheit zu verschaffen haben soll, ob das Handlungsprojekt mit den Sätzen rechtlichen Sollens im Einklang steht[9]. Es ist bereits ausgeführt worden, daß eine derartige allgemeine Rechtserkundungspflicht in einer freien Gemeinschaft nicht begründbar ist[10], da dem Subjekt unter diesen Voraussetzungen so gut wie keine Handlungsmöglichkeiten mehr verblieben. Bereits aus diesem Grund kann der Rechtspflichtlehre nicht gefolgt werden, so daß sich eine vertiefte Auseinandersetzung damit erübrigt.

Soweit in der Literatur versucht wird, systematisch konsistente Maßstäbe zur Beurteilung der Vermeidbarkeit zu entwickeln, lassen sich ein am Präventionsgedanken orientierter Lösungsansatz, der demgemäß die Enttäuschung

---

[9] Diese Rechtspflichtlehre ist auch heute noch verbreitet, vgl. die Nachweise bei Rudolphi, Unrechtsbewußtsein, S. 196.

[10] Ferner ist dieser Lehre entgegenzuhalten, daß sie zu einem regressus in infinitum führt, indem sie einen „Pflichtenturmbau" durchführt: die Pflicht zur Erkenntnis des Verbots müßte ihrerseits pflichtmäßig erkannt werden, usw. vgl. Armin Kaufmann, FS Schmidt, S. 329f., Dogmatik, S. 145.

von Verhaltenserwartungen zum Maßstab macht[11] und ein schuldstrafrechtlicher Ansatz unterscheiden. Es ist bereits dargelegt worden, daß dieser Untersuchung der klassische Schuldbegriff zugrundeliegt, ohne daß dies hier näher begründet werden kann, da eine fundierte Auseinandersetzung mit der Präventionslehre den Rahmen dieser Untersuchung sprengen würde. Die Gründe für die Ablehnung der Präventionslehre ergeben sich indessen zum Teil aus dem Zusammenhang der hier gemachten Ausführungen.

a) Erkennbarkeit des Unrechts

Nach der am Schuldstrafrecht orientierten Lehre kommt es für die Vermeidbarkeit auf die Erkennbarkeit des Unrechts an[12]. Dieser Maßstab entspricht auch dem hier entwickelten Ansatz hinsichtlich des Bewußtseins der Rechtswidrigkeit.

aa) Subjektiver Maßstab

Aus der Ablehnung der Rechtspflichtlehre, insbesondere aber aus der Struktur der Rechtsnorm als Sollensnorm ergibt sich, daß die Beurteilung der Erkennbarkeit nach einem subjektiven Maßstab durchzuführen ist[13]. Auch im Falle des vermittelt aktuellen Unrechtsbewußtseins richtet sich der Vermeideimpuls an das Subjekt. Für die Annahme von Schuld ist Voraussetzung, daß der Handelnde sich dem Impuls gemäß hätte verhalten und die Verletzung hätte vermeiden können. Die Grundlage des Vorwurfs liegt somit auch hier in der selbstwidersprüchlichen Selbstbestimmung des Handelnden. Aus dieser Selbstwidersprüchlichkeit ergibt sich, daß ihr Maßstab ein subjektiver, und zwar die individuelle Struktur des Subjekts sein muß. Daran sind dessen tatsituative Möglichkeiten zur impulsgemäßen Vermeidung der Verletzung zu messen.

Eine gelegentlich anzutreffende objektivistische Bestimmung des Maßstabs der Vermeidbarkeit verletzt demgemäß den Schuldgrundsatz, da hier nicht das Sollen des Subjekts an seinem Können gemessen und beurteilt wird, sondern der Beurteilermaßstab als Ausfüllung des Könnens herangezogen und das Sollen des Subjekts daran gemessen wird. Auf diese Weise ist die Feststellung eines für die Schuldfeststellung erforderlichen Selbstwiderspruchs methodologisch a priori ausgeschlossen.

---

[11] Vgl. vor allem Jakobs, AT, 19/35ff.

[12] Vgl. LK-Schroeder, § 17 Rdn. 27.

[13] So auch Rudolphi, Unrechtsbewußtsein, S. 197f.

bb) Konkretisierung des Maßstabs

Die Erkennbarkeit des Unrechts als Maßstab für die Vermeidbarkeit bedarf jedoch der Konkretisierung. In der Literatur ist bereits eine solche in der Form entwickelt worden, daß es auf einen Anlaß für den Täter ankommen soll, sich zu erkundigen und ihm diese Aufklärung objektiv möglich und zumutbar sein muß[14]. Diese allgemeine Konkretisierung ist zwar zutreffend, bringt die Untersuchung an dieser Stelle aber nur wenig weiter, da sie sich weitestgehend mit bereits gefundenen Ergebnissen deckt.

Der Anlaß für den Handelnden, rechtliche Erkundigungen einzuziehen, ergibt sich beim Verbotsirrtum nach hier entwickeltem Verständnis stets aus dem materiell-konkreten Verletzungswissen. Aus dem Charakter der Rechtsnormen als Sollensnormen folgt auch, daß das Sollen durch das objektiv Mögliche begrenzt ist (impossibilium nulla est obligatio). Das dritte Element, die Zumutbarkeit der Nutzung der Erkenntnismöglichkeit ist identisch mit der Vermeidbarkeit im hier bereits entwickelten Sinne. Dabei ist allerdings zu berücksichtigen, daß die Vermeidbarkeit in diesem Sinne erheblich konkretere Züge hat als die Zumutbarkeit im Sinne der verbreiteten Literaturmeinung, da nach hier vertretener Ansicht eine wesentlich geringere Zahl von Fällen als Verbotsirrtum anerkannt wird. Darüber hinaus verdeutlicht der Aufweis der Struktur des Verbotsirrtums als Fall der fehlerhaften Annahme einer Gegennorm allgemeingültig und, ohne daß es auf eine mehr oder weniger konsistent entwickelte Kasuistik ankommt, den Ansatzpunkt für die Bewertung des Motivationsprozesses.

Entscheidend für die Vermeidbarkeit des Verbotsirrtums ist damit, ob der Täter in der Tatsituation objektiv die Möglichkeit gehabt hätte, aufgrund seines Verletzungswissens die von ihm zu Unrecht angewandte Gegennorm zu hinterfragen. Dies ist unter Bestimmung der dafür relevanten Fragestellung im Hinblick auf die diesbezüglichen Fähigkeiten des Täters zu bestimmen. Bei deren Analyse ist auf die Anlagen des Täters ebenso Bedacht zu nehmen, wie auf deren Entwicklung[15], um dem Zusammenwirken dieser Faktoren in der tatsituativen Selbstkonstitution des Subjekts angemessen Rechnung tragen zu können.

Die an den Handelnden zu stellenden Sorgfaltsanforderungen sind höher als die der Fahrlässigkeit, auch der bewußten Fahrlässigkeit. Dies beruht auf dem Appell, der vom materiell-konkreten Verletzungswissen ausgeht. Dieser Vermeideappell ist noch stärker als der der bewußten Fahrlässigkeit, denn dort ist dem Täter im Gegensatz zum hier gegebenen Verletzungswissen lediglich das Gefährdungswissen gegenwärtig.

---

[14] Rudolphi, ebd., S. 217.

[15] Vgl. LK-Schroeder, § 17 Rdn. 27; § 16 Rdn. 132ff., 135.

Damit ist für die typische Situation des Verbotsirrtums der höchstmögliche Konkretisierungsstand erreicht. Weil es danach auf die Subjektivität des Handelnden ankommt, ist darüber hinaus Kasuistik im Sinne fehlender Kategorisierung unvermeidlich. Dies entspricht auch der Struktur des § 17 StGB, der eine fließende Anpassung der Rechtsfolge an die Schuldschwere ermöglicht.

cc) Indizierung der Vermeidbarkeit durch konkreten Anlaß

Eine weitere Konkretisierung des Vermeidbarkeitsmaßstabs ist dagegen in bestimmten Sonderfällen des Verbotsirrtums möglich, in denen neben dem materiell-konkreten Verletzungswissen ein weiterer konkreter Anlaß auf den Täter in der Tatsituation einwirkt. Dieser konkrete Anlaß setzt das materiell-konkrete Verletzungswissen als allgemeinen Anlaß im Sinne einer notwendigen Bedingung voraus, da er nicht unmittelbar auf die Verletzung, bzw. deren Vermeidung bezogen ist, sondern auf die Gegennorm, bzw. deren irrige Annahme durch den Handelnden. Die Annahme der Gegennorm ist aber bedingt durch das Verletzungsverbot, von dem sie nach der Vorstellung des Handelnden befreit. In dieser unmittelbaren Bezogenheit auf die Gegennorm wird der konkrete Anlaß aber mittelbar wiederum für die Verletzung wirksam. Als derartiger konkreter Anlaß kommt ein Umstand in Betracht, der dem Handelnden in der Tatsituation seine auf seiner Fehlvorstellung basierende relative Unbefangenheit hinsichtlich seines Verletzungsverhaltens nimmt, bzw. dieser Unbefangenheit und damit der Annahme der Gegennorm entgegengewirkt hat, ohne, daß dem Täter deshalb Zweifel an der Rechtmäßigkeit seines Handlungsprojekts im Sinne bedingten Unrechtsbewußtseins gekommen sind. Durch derartige Umstände wird dem Täter über den aus dem Verletzungswissen resultierenden Anlaß zur Vermeidung von Verletzungen hinaus der Schluß auf seine Besonderung gerade in der Anwendung der fiktiven Gegennorm nahegelegt. Daher ist alles, was in diesem Sinne auf der Grundlage des materiell-konkreten Verletzungswissens, aber davon getrennt auf die Tätervorstellung einwirkt, ein derartiger Umstand. Während das materiell-konkrete Verletzungswissen die Möglichkeit der Vermeidbarkeit eröffnet, indem es dem Handelnden den im allgemeinen Willen begründeten Achtungsanspruch vermittelt, vermittelt ihm darüber hinaus auf dieser Grundlage der konkrete Anlaß die Bewertung der von ihm in seiner konkreten Tatsituation zu treffenden Entscheidung durch den allgemeinen Willen in negativer Form und indiziert dadurch die Vermeidbarkeit des Irrtums.

Derartige Anlässe sind insbesondere von Bedeutung für die Bewertung von Auskünften über Gegennormen. So kommt es im Falle des Unternehmers, der auf anwaltlichen Rat hin trotz ausgefallener Kläranlage Abwasser in ein Gewässer einleitet und sich daher aufgrund des Rates irrig durch Notstand gerechtfertigt wähnt[16], darauf an, ob er einen Anlaß hatte, an der Richtigkeit der erhaltenen Auskunft zu zweifeln. Gleiches gilt für die Anwendung von DIN- und VDE-Normen. Auch hier kommt es entscheidend darauf an, ob der Handelnde einen konkreten Anlaß hatte, an der Wirksamkeit dieser Gefährdungserlaubnisse zu zweifeln. Als konkreter Anlaß gewinnt in diesem Zusammenhang insbesondere die Frage der Verläßlichkeit der Auskunftsstelle Bedeutung. Unter Berücksichtigung der Täterpersönlichkeit kommt es darauf an, ob der Täter nach seinen Erfahrungen und Kenntnissen diese für zuverlässig halten durfte. Als zuverlässig werden allgemein amtliche Stellen[17] und Rechtsanwälte[18] angesehen, was den meisten Subjekten, wenn nicht Ausnahmen vorliegen, auch bekannt ist. Etwas anderes kann gelten, wenn es sich um einen Hausjuristen handelt. Hier hat der Auskunftsuchende im Rahmen seiner Möglichkeiten eher einen Anlaß, die Auskunft wegen der Parallelität der Interessen in Zweifel zu ziehen. Hinsichtlich der Auswahl und der Vertrauenswürdigkeit der Auskunftsstelle gilt das allgemein für die Vermeidbarkeitsbewertung Gesagte: Wenn bei der Auswahl der Auskunftsstelle dieser Prozeß dem Täter die Erkenntnis seiner Besonderung in dieser Hinsicht nahelegt, entlastet ihn die erhaltene Auskunft nicht, weil sie keine angemessene Reaktion auf den Vermeideappell darstellt. So wird jemand, der eine Auskunft über steuerrechtliche Abzugsmöglichkeiten oder derartige Anzeigepflichten benötigt, sich nicht mit der Auskunft der Besatzung eines Funkstreifenwagens zufrieden geben dürfen.

dd) Kausalität der Mißachtung des Anlasses

Falls ein konkreter Anlaß in der eben beschriebenen Form vorliegt, hat der Täter sich weiteren Aufschluß zu verschaffen, bis er eine sichere Überzeugung über die Rechtmäßigkeit seines Handlungsprojekts gewonnen hat. Von Bedeutung für diesen Fall, ebenso wie für jede Erkundigung schlechthin, ist die Frage, ob bereits das Unterlassen einer notwendigen Erkundigung den Handelnden belastet, oder ob er für den Fall, daß die ihm erteilte vertrauenswürdige Auskunft seinen Irrtum bestätigt hätte, entlastet ist[19]. Die Beantwortung dieser Frage ergibt sich aus der bereits begründeten Ablehnung der Rechtspflichtlehre. Für die Beurteilung der Vermeidbarkeit des Verbotsirrtums ist entsprechend dem Legitimationsbedürfnis der Strafe an der Verletzung eines geschützten Anerkennungsverhältnisses anzusetzen und nicht an der Verletzung selbständiger tatsächlicher oder behaupteter Pflichten. Wenn feststeht, daß der Täter eine vertrauenswürdige objektiv falsche Auskunft

[16] Fall nach Schumann, S. 124.

[17] Beispiele bei LK-Schroeder, § 17 Rdn. 42ff.

[18] LK-Schroeder, ebd., der aber haltlos der gesamten Rechtsanwaltschaft Unseriosität aus Gewinnstreben unterstellt.

[19] Vgl. zu dieser Frage die ausführlichen Nachweise bei LK-Schroeder, § 17 Rdn. 45.

erhalten hätte, wäre die Verletzung nicht vermieden worden. Den Täter trotzdem bestrafen, hieße eine Bestrafung allein auf das subjektive Element der Nachlässigkeit zu stützen und auf das für die Legitimation von Strafe essentielle Element der Verletzung zu verzichten. Dies aber wäre eine Gesinnungsstrafe, deren Ziel nur darin bestehen könnte, das Subjekt moralischer zu machen, ein Zweck, der dem Strafrecht verschlossen bleiben muß[20]. Deshalb ist zu fordern, daß die vom Täter unterlassene Erkundigung der Rechtslage diesem zur Einsicht in das Unrecht seines Verhaltens mindestens im Sinne bedingten Unrechtsbewußtseins verholfen hätte[21]. Wegen der ausgeführten mittelbar strafbegründenden Funktion dieser Kausalitätserwägungen verbietet sich auch im Hinblick auf die Auskunftsstelle eine Typisierung jedenfalls dann, wenn der Handelnde eine bestimmte Auskunftsstelle befragt haben würde[22].

Zusammenfassend ist festzustellen, daß die objektiven Kriterien für die Annahme der Vermeidbarkeit lediglich Schlußkriterien auf einen subjektiven Sachverhalt darstellen und somit lediglich Indizfunktion aufweisen, ohne daß aus ihnen unmittelbar der Schluß auf die Vermeidbarkeit gezogen werden kann.

b) Anwendung der gewonnenen Maßstäbe

Diese Maßstäbe sollen nunmehr zur Erläuterung auf zwei konkrete Sachverhalte angewendet werden. Es handelt sich hierbei um zwei Urteile des Landgerichts Hagen aus dem Jahre 1978, die bereits ausführlich besprochen worden sind[23]. Die dort angesprochenen Gesichtspunkte sollen hier, soweit für die Untersuchung von Bedeutung, referiert und zu den hier gewonnenen Erkenntnissen in Beziehung gesetzt werden. Zunächst werden dazu die Sachverhalte geschildert.

aa) Fall Weinhold

In dem ersten Fall handelt es sich um Weinhold, einen Flüchtling aus der ehemaligen DDR, der sich mit einer Maschinenpistole den Weg in den Westen freigeschossen hat[24]. Er ist 1949 in Dresden nichtehelich geboren. Seine Mutter war Opfer einer Vergewaltigung geworden, was sie ihm mitgeteilt hatte. Er wird später adoptiert. Sein Adoptivvater ist Marxist-Leninist

---

20 Vgl. oben 2. Teil, 2. Abschnitt, B. IV. 6. a).

21 So auch Wolter, JuS 1979, S. 486.

22 Ebenso Wolter, ebd., S. 486f. mit weiteren Nachweisen; a.A. Rudolphi, Unrechtsbewußtsein, S. 251; ders., JR 1977, S. 381f.

23 Krauß, Unrechtsbewußtsein, S. 30.

24 LG Hagen, Urteil vom 1. 12. 1978 – 31 Ks 51 Js 743/77 (47/77) –.

und in der ehemaligen DDR voll angepaßt. Durch West-Kontakte im weiteren Verwandtenkreis bezieht Weinhold eine kritische bis ablehnende Haltung zum System der ehemaligen DDR. Wegen seiner pro-westlichen Haltung kommt es zu Spannungen mit dem Adoptivvater. 1968 mißlingt ein Fluchtversuch. Weinhold verbüßt deswegen eine ca. 2jährige Freiheitsstrafe in der Strafanstalt Bautzen. Er macht im Laufe der Zeit mehrere schikanöse Erfahrungen mit dem ehemaligen DDR-Regime und wird 1975 zur damaligen NVA einberufen. Dort faßt er erneut den Entschluß zur Flucht in den Westen. Diesen setzt er am 15. 12. 1975 in die Tat um, indem er unter Mitnahme seiner Waffe seine Einheit verläßt und sich zur Grenze begibt. Dort hält er sich 3 Tage lang auf einem Heuboden bei −16°C und nahezu ohne Nahrungsmittel versteckt. Am Abend des 18. Dezember 1975 macht er sich auf den Weg, da er wegen einer fiebrigen Erkältung darin seine letzte Chance sieht. Beim Überwinden der Sperranlagen läuft Weinhold auf zwei Grenzsoldaten zu. Als diese ihn anhalten wollen, macht er von der Schußwaffe Gebrauch und tötet beide.

Das Landgericht billigt Weinhold verminderte Schuldfähigkeit gemäß § 21 StGB zu, geht aber von vollem Unrechtsbewußtsein Weinholds aus, was daraus geschlossen wird, daß er die Entscheidung darüber, wie er sich in der konkreten Situation bei Konfrontation mit Grenzsoldaten verhalten solle, immer wieder vor sich hergeschoben hatte. Die für das Unrechtsbewußtsein erheblichen Diskussionen finden sich in den Ausführungen des Urteils zur Strafzumessung, insbesondere der Hinweis, daß Weinhold sich mit einer gewissen subjektiven Berechtigung als Widerstandskämpfer gefühlt habe[25]. Darauf ist noch einzugehen.

bb) Fall Aslan

Zunächst soll ein weiterer Fall betrachtet werden, der ebenfalls die Frage des Unrechtsbewußtseins zur Diskussion stellt. Aslan, ein Türke von geringer Intelligenz, der aus einem entlegenen Dorf am Schwarzen Meer mit einer Einwohnerzahl von 500 Personen stammt, kommt mit seiner ihm an Intelligenz und Bildungsniveau deutlich überlegenen ebenfalls türkischen Ehefrau im Jahre 1954 in die Bundesrepublik. Er bleibt hier wegen seiner geringen Intelligenz, aber auch wegen seiner Verwurzelung in den Sitten und Gebräuchen seiner Heimat, die ihm die Anpassung an westliche Lebensverhältnisse erschweren, weitgehend isoliert. Seine Ehefrau dagegen findet relativ schnell Kontakt und lernt unter anderem auch einen türkischen Freund ihres Ehemannes kennen, mit dem sie bald viel gemeinsam unternimmt. Der Ehemann gewinnt im Laufe der Zeit, ob zu Recht oder zu Unrecht läßt sich nicht aufklären, die Überzeugung, seine Frau unterhalte mit seinem Freund ehewidrige

[25] S. 69 d. Urteils. So auch Krauß, S. 38f., 43.

Beziehungen. Da seine Frau sich weiterhin gegen seinen Wunsch mit dem Freund trifft, versucht er am 10. April 1978, den anderen im Hinblick auf seine Überzeugung mit einem Küchenmesser zu töten.

Das Landgericht hat festgestellt, daß in der Türkei zwar das staatliche Recht Atatürks herrsche, daß dieses aber von der Bevölkerung insbesondere in den ländlichen und wenig gebildeten Kreisen nicht anerkannt werde. Das in diesen Kreisen geltende Gewohnheitsrecht adet sieht ein Verhalten der Art, wie Aslan es an den Tag legte, als rechtmäßig an. Das Landgericht ging von aktuellem Unrechtsbewußtsein aus, billigte Aslan aber Strafmilderung gemäß § 21 StGB zu, da er in einem starken Erregungszustand gewesen sei.

Es mag dahinstehen, ob dies zutrifft. Von Interesse ist hier allein die Frage des Unrechtsbewußtseins, die das Landgericht leider übergangen hat, obwohl es ausführt, daß Aslan sich zur Tatzeit völlig im Recht gefühlt habe. Im Widerspruch dazu wird weiter ausgeführt, daß Aslan um das Verbotensein seines Verhaltens in der Bundesrepublik gewußt habe, was diesen Annahmen entgegenstände. Nur eine der Aussagen kann also zutreffen. Wußte Aslan, daß das, was er tat, in der Bundesrepublik verboten war, so impliziert diese Feststellung, daß er von der Ungültigkeit der Erlaubnis nach hiesigem Recht ausging. In diesem Fall handelte er auch mit aktuellem Unrechtsbewußtsein, da er sich als Fremder der hiesigen Ordnung auch dann anzupassen hatte, wenn er diese für falsch hielt. Wußte er dagegen nicht, daß die Erlaubnisnorm des adet hier ungültig war, und davon wird im folgenden ausgegangen[26], handelte er ohne aktuelles Unrechtsbewußtsein und damit im Verbotsirrtum.

cc) Würdigung der Frage des Unrechtsbewußtseins

Die referierten Fälle sollen jetzt anhand der in dieser Untersuchung entwikkelten Maßstäbe gewürdigt werden.

Bei der Würdigung des Falls Weinhold ist zunächst davon auszugehen, daß nach dem Unrechtssystem der ehemaligen DDR das Verlassen des Staatsgebietes als Straftat grundsätzlich verboten war, obwohl das Recht auf Freizügigkeit seit der Paulskirchenverfassung im deutschen Verfassungsrecht bekannt war[27] und dieses Verbot demgemäß rechtswidrig war. Ferner ist zu bedenken, daß diese Zusammenhänge spätestens seit dem Bau der Berliner Mauer ständig deutlich gemacht wurden und daß Weinhold um diesen Gegenstandpunkt wußte. Danach ist es bereits zweifelhaft, ob das Verhalten Weinholds rechts-

---

[26] Diese Annahme wird zur Verdeutlichung der Problemstellung im Bewußtsein ihrer äußersten Zweifelhaftigkeit im konkreten Fall gemacht. Angesichts der Tatsache, daß sich Aslan seit 1954, zur Tatzeit also seit ca. 24 Jahren in der Bundesrepublik aufhielt, wird eine Unkenntnis dieser Art für unwahrscheinlich gehalten. Der Fall dient hier aber als Leitfall. Als solcher wäre er ohne diese Unterstellung funktionslos.

[27] Vgl. zum Zusammenhang Maunz/Dürig/Herzog, Art. 11 Rdn. 4ff.; 17f.

widrig war. Diese Frage wird hier offen gelassen[28], da es hier nur um die Frage des Verbotsirrtums geht. Die Widersprüchlichkeit der Ordnungen ist aber für diese Frage von Bedeutung. Folglich wird die Rechtswidrigkeit der Tat Weinholds hier unterstellt.

Im Hinblick auf die sich stellende Frage des Verbotsirrtums ist zunächst zu erwägen, ob Weinhold sein Verhalten für nach hiesigem Recht erlaubt hielt. Dagegen bestehen zunächst die Bedenken, die das Landgericht artikuliert hat. Diese greifen aber deshalb nicht durch, weil das Hinausschieben der Entscheidung über den Gebrauch der Schußwaffe nichts über die diesbezügliche Rechtmäßigkeitsvorstellung des Handelnden aussagt. Auch dem sich im Recht Wähnenden kann der Schußwaffengebrauch gegen Personen unangenehm sein[29]. Ferner ist zu erwägen, daß Weinhold sich nicht von sich aus den hiesigen Behörden stellte, sondern sich vom 19. Dezember morgens ca. 03:30 Uhr bis zum 21. Dezember ca. 21:00 Uhr, als er von Polizeibeamten festgenommen worden war, ungemeldet hier aufhielt. Auch aus dieser Erwägung kann aber nicht geschlossen werden, daß Weinhold meinte, etwas zu verbergen zu haben. Dieses Verhalten kann auch darauf zurückzuführen sein, daß er zu aufgeregt war und ihm die Erforderlichkeit einer Meldung nicht zum Bewußtsein kam. Diese Vermutung läßt sich dadurch belegen, daß Weinhold unbedingt zu seinem Onkel wollte, der für ihn eine Bezugsperson darstellte. Ferner ist zu berücksichtigen, daß Weinhold offenbar befürchtete, in die ehemalige DDR zurückverbracht zu werden. In diesem Sinne hatte er sich jedenfalls gegenüber einem Zeugen geäußert.

Allein entscheidend ist also, ob Weinhold in der Tatsituation im Bewußtsein des Tötungsverbots eine Erlaubnis zur Tötung in dem konkreten Fall annahm. In diesem Zusammenhang ist zu bedenken, daß Weinhold das ehemalige DDR-Regime sowohl in der Darstellung durch westliche Medien, zu denen er Zugang hatte, als auch am eigenen Leibe als totalitäres Unrechtsregime erfahren hatte. Der Westen erschien ihm in seiner Lage als das Lager der „Guten“, die ehemalige DDR als das der „Schlechten“. Es kommt in diesem Zusammenhang nicht auf eine Abwägung der Vor- und Nachteile der Systeme an. Die Ereignisse der jüngsten deutschen Geschichte haben diese Frage, wenn sie sich je gestellt haben sollte, definitiv entschieden. Objektiv ist festzuhalten, daß die Hinderung der ehemaligen DDR-Gewaltunterworfenen am freien Zug rechtswidrig war und sich das Regime insoweit auch materiell unrechtlich, weil selbstwidersprüchlich verhalten hat, weil es den Art. 17, 12 der für die ehemalige DDR verbindlichen Schlußakte von Helsinki zuwiderhandelte. Es muß hier dahinstehen, ob das Recht auf freien Zug durch Maßnahmen eines Unrechtsregimes, mögen diese für sich genommen auch im Rechtsstaat möglich sein, eingeschränkt werden kann.

---

[28] Vgl. dazu aber Schroeder, NJW 1978, S. 2577.

[29] Vgl. auch Krauß, S. 39f.

Ausschlaggebend ist, daß sich Weinhold hier in einer unklaren Normlage befunden hat. Auf der Grundlage dieser Erkenntnis ist entscheidend, was Weinhold in der Tatsituation angesichts dieser Umstände über sein Verhalten dachte. Danach liegt es, insbesondere unter Berücksichtigung der Stellungnahmen der freien westlichen Welt zu Grenzbefestigungen und Schießbefehl, die Weinholds Bewußtsein entscheidend prägten, nahe, daß Weinhold sich für berechtigt hielt, die Grenzsoldaten zu erschießen. Diese Frage hätte daher nicht übergangen werden dürfen. Auch die Tatsache, daß Weinhold im Rahmen der Exploration durch einen psychologischen Sachverständigen angab, sich in der Tatsituation keine Gedanken über Recht oder Unrecht gemacht zu haben, steht der Annahme einer Gegennorm nicht entgegen. Zunächst muß dieser Bewußtseinsinhalt in der Tatsituation ebenso wenig wie das Unrechtsbewußtsein sprachgedanklich vorliegen. Auch hier genügt das Mitbewußtsein. Davon abgesehen erscheint es bedenklich, aus einer einzelnen Äußerung des Exploranden, die zudem noch auf eine direkte Frage erfolgte, auf einen so komplexen Bewußtseinsinhalt zu schließen. Zu groß ist die Gefahr, daß eine solche Äußerung vom Exploranden anders gemeint war, insbesondere wenn nach so vieldeutigen Begriffen wie Recht und Unrecht gefragt wird. So liegt es nahe, diese Äußerung als Hinweis Weinholds auf die Komplexität der Tatsituation zu verstehen, wobei er der ursprünglich gestellten Frage auswich. Zu groß ist auch die Gefahr, daß eine solche punktuelle Äußerung im Zusammenhang mit einem bestehenden Vorverständnis mißdeutet wird. Zuverlässiger erscheinen demgegenüber die sich aus dem Lebenslauf Weinholds ergebenden Faktoren, die sein Bewußtsein prägten.

Hier sind die bisher dargestellten Umstände zu berücksichtigen, wobei die Eindrücke im Zusammenhang mit Weinholds Fluchtversuch 1968 und dessen Folgen hervorzuheben sind, insbesondere die Erteilung des Sonderausweises „BM 12" nach seiner Haftentlassung aus Bautzen, der Reisen, auch im sozialistischen Block und auch im westlich gelegenen Bereich der DDR ausschloß. Aufgrund dieser Verhältnisse stellte das Landgericht auch fest, daß sich Weinhold mit einer gewissen subjektiven Berechtigung als Widerstandskämpfer gefühlt hatte.

Daraus wird hier geschlossen, daß Weinhold, wie auch einer der Sachverständigen vor Gericht angedeutet hatte, im Verbotsirrtum handelte[30]. Daher stellt sich die Frage, ob dieser vermeidbar war. Nach den im Rahmen der Untersuchung gewonnenen Erkenntnissen kommt es zunächst auf einen konkreten Anlaß an, der Weinhold seine Besonderung vermittelt hätte. Bei dieser Beurteilung ist, ohne daß es auf die umstrittene juristische Wertung der Frage ankommt, ob und bejahendenfalls unter welchen Voraussetzungen das Verlassen des Gebietes der ehemaligen DDR gegen den Widerstand des Unrechtsregimes erzwungen werden durfte[31], davon auszugehen, daß sich Weinhold an

---

[30] Vgl. auch Krauß, S. 40ff., insbesondere S. 42.

westlichen Maßstäben, nicht an denen der ehemaligen DDR orientierte[32]. Dabei ist nicht vom heutigen Kenntnisstand über das Unrechtsregime und die sich aus seiner verbrecherischen Herrschaft ergebenden Konsequenzen auszugehen, sondern von den zur Tatzeit herrschenden Vorstellungen. Aber auch auf dieser Grundlage lag ein konkreter Anlaß, seine Einstellung zu überdenken, nicht vor. Grundlage der Beurteilung hat also das vom – Weinhold in der Tatsituation bewußten – Tötungsverbot ausgehende tatsituativ vermittelte materiell-konkrete Verletzungswissen zu sein. Danach kommt es für die Beurteilung der Vermeidbarkeit darauf an, ob Weinhold objektiv die Möglichkeit hatte, Erkundigungen über die rechtliche Bewertung seines Verhaltens einzuziehen und ob ihm dies zumutbar war. Bereits hinsichtlich der objektiven Aufklärungsmöglichkeit ist festzustellen, daß Weinhold eine solche nicht hatte. Weder konnte er in der ehemaligen DDR, etwa bei seinen Vorgesetzten in der ehemaligen NVA, bei seinen Eltern oder bei einem Rechtsanwalt in der ehemaligen DDR, abgesehen von der Gefährlichkeit eines solchen Auskunftsersuchens, Aufschluß über die Bewertung seines Verhaltens erlangen. Auch die Aufnahme von Westkontakten, wiederum abgesehen von dem damit verbundenen Risiko, hätte ihn nicht weitergebracht. Seine einzigen Kontaktpersonen in der Bundesrepublik waren seine Verwandten in Tübingen, die sicher auch nicht in der Lage gewesen wären, ihm zu anderer Einsicht zu verhelfen. Damit ist, entgegen der im Urteil getroffenen Entscheidung, festzustellen, daß Weinhold seinen Irrtum nicht vermeiden konnte.

Bei der Beurteilung des Falles Aslan ist demgegenüber festzustellen, daß Aslan einen konkreten Anlaß hatte, seine Entscheidung zu überdenken. Dieser Anlaß lag in dem Verhalten seiner Frau, die ihm die Wertmaßstäbe der Gemeinschaft in der Bundesrepublik vermittelte. Da sie sich, auch für Aslan offensichtlich, in Übereinstimmung mit hiesigen Wertmaßstäben verhielt, die für die Bürger, auch für ihn offensichtlich, keinen Anlaß darstellten, andere zu töten, hätte ihn diese Erkenntnis dazu veranlassen müssen, von der Tötung Abstand zu nehmen und sich hiesigen Normen anzupassen. Dieser Gesichtspunkt der Anpassung an das Recht der Bundesrepublik unterscheidet die Fälle Weinhold und Aslan. Während Weinhold sich gerade in Übereinstimmung mit diesen Normen wähnte, meinte Aslan, eine stärkere Gegennorm aus dem heimatlichen adet diesen entgegensetzen zu dürfen. Gerade die Konfrontation mit dem Lebensstil seiner Frau hätte Aslan aber zu der Erkenntnis führen müssen, daß die Erlaubnis hier nicht gilt. Diese Erkenntnis konnte er auch trotz seiner einfachen geistigen Struktur und trotz seiner Bindung an das adet anwenden. Von ihm wurde nicht verlangt, die Wertungen seiner heimatlichen Kultur durch diejenigen der Bundesrepublik zu ersetzen, von ihm wurde verlangt, sich für die Zeit seines Aufenthaltes an diese Wertungen anzupassen. Es blieb ihm unbenommen, nach Rückkehr in sein Heimatdorf

31 Vgl. dazu Schroeder, NJW 1978, S. 2577.

32 Vgl. auch Krauß, S. 41ff.

wieder gemäß dem adet zu verfahren. Da sich Aslan aufgrund dieser Zusammenhänge seiner Besonderung bewußt war, hätte er seinen Irrtum vermeiden können. Dieses Ergebnis beruht nicht auf der Kenntnis eines positivierten Verbots, sondern auf der Vermittlung der Anerkennungsverhältnisse und deren Rangordnung in der Bundesrepublik, an der Aslan seit 1954 teilhatte. Das Landgericht hat die hier erörterte Problematik des Verbotsirrtums unberücksichtigt gelassen.

Erwähnenswert ist, daß das Landgericht in beiden Fällen eine Strafmilderung nach § 21 StGB vorgenommen hat. Dieses Verfahren ist unzulässig. In beiden Fällen lag die zentrale Problematik im Bereich des Unrechtsbewußtseins. Auch wenn daneben noch weitere Faktoren, wie etwa im Fall Weinhold die körperliche und seelische Erschöpfung, im Fall Aslan Eifersuchtsgefühle eine Rolle spielten, durfte die zentrale Frage des Unrechtsbewußtseins gleichwohl nicht auf den Bereich der §§ 20, 21 StGB verengt werden. Auch das Interesse an Systemstabilisierung dadurch, daß die Normverletzung solchermaßen zur Sache des Subjekts gemacht wird, rechtfertigt nicht die Umdefinition eines Gesunden in einen Kranken[33], zumal diese „Notlösung“ in beiden Fällen nicht notwendig war. Der vom menschlichen Leben ausgehende Achtungsanspruch konnte in der Gemeinschaft auch dann Beachtung erwarten, wenn der Fall Weinhold anders entschieden worden wäre, da ein vergleichbarer Konflikt in der hier zu schützenden Rechtsordnung nicht möglich war. Auch im Fall Aslan hätte eine Diskussion des Verbotsirrtums im hier durchgeführten Sinne den Geltungsanspruch der Norm sicher nicht in relevanter Weise beeinträchtigt.

Die Diskussion dieser beiden Fälle hat die Struktur des Verbotsirrtums unter Berücksichtigung der darin implizierten Frage der Vermeidbarkeit praktisch veranschaulicht. Die Erkenntnisse sollen zusammengefaßt werden:

3. Abschnitt

Ergebnis

Es ergibt sich, daß das, was verbreitet als „potentielles“ Unrechtsbewußtsein bezeichnet wird, bei rechter Würdigung aktuelles Unrechtsbewußtsein in vermittelter Form und als solches eine für einen Schuldvorwurf taugliche Basis ist. Dieses vermittelt aktuelle Unrechtsbewußtsein setzt voraus, daß der Täter einen durch das materiell-konkrete Verletzungswissen gegenwärtigen Anlaß hat, sein Verhalten in bezug auf dessen rechtliche Bewertung zu hinterfragen, daß er die objektive Möglichkeit dazu hat und daß es ihm nach seinen Anlagen und deren Entwicklung möglich war, diese Erkenntnisquellen zu nutzen. Darüber hinaus müßte ihm die Auskunft, die er eingeholt hätte, zur Erkenntnis der Verletzung verholfen haben.

[33] Vgl. auch Krauß, S. 57.

4. Teil

Zusammenfassung und Gesamtergebnis

Im folgenden soll der Untersuchungsgang zusammengefaßt und ein Gesamtergebnis formuliert werden:

Die gegenwärtige Behandlung des Verbotsirrtums in Rechtsprechung und Literatur ist unbefriedigend. Es ist eine unübersichtliche, in sich nicht widerspruchsfreie Kasuistik vorhanden. Es fehlt an distinkten Begriffen. Die Ergebnisse erscheinen eher als Produkt emotionaler Würdigung der zur Entscheidung stehenden Fragen und nicht als Folge eines vernunftbegründeten Rechtsanwendungsprozesses. Dieser Mißstand ist darauf zurückzuführen, daß der Begriff des Unrechtsbewußtseins nicht aufgelöst und die zur Bildung des Unrechtsbewußtseins im Sinne herkömmlicher Terminologie führenden Zusammenhänge nicht erkannt bzw. nicht in angemessener Weise berücksichtigt werden. Das hat zur Folge, daß der derzeitigen Behandlung des Verbotsirrtums kein Leitprinzip zugrunde liegt.

Dieses fehlende Prinzip konnte durch die Bestimmung des Unrechtsbewußtseins aus dem Begriff der Person in der Interpersonalität gefunden werden. Das Unrechtsbewußtsein stellt sich danach als Möglichkeit der Selbstkonstitution des freien Subjekts unter anderen freien Subjekten dar. Aus dem Begriff der Person und der Interpersonalität ergibt sich auch der Begriff der Norm auf der Grundlage des Prinzips der Anerkennung. Der in diesem Sinne materiell zu bestimmende Begriff der Norm wird dem Subjekt durch Vermittlung praktischer Kategorien gegenwärtig; diese wird zugleich von ihm selbst bewirkt. Der Vermittlungsprozeß ist ein wechselseitiger.

Auf diese Weise konnte der Begriff des Werterlebens aufgelöst werden. Dieser Begriff ist zumindest mißverständlich, da er von einem einseitigen Vermittlungsprozeß ausgeht und dessen Wechselseitigkeit als essentielles Merkmal nicht angemessen zum Ausdruck bringt. Aus der Wechselseitigkeit des so bestimmten Normkonstitutionszusammenhangs ergibt sich die historische Relativität der Norm.

Aus der Möglichkeit der Verletzung des Anerkennungsverhältnisses ist das Zwangsrecht als Möglichkeit der Durchsetzung des Rechts und damit der Vernunft aus dem Grundverhältnis der vernünftigen Personen abzuleiten. Dessen Ausübung ist auf einen Dritten übertragen, da im Zwei-Personen-Verhältnis eine vernunftgemäße Lösung wegen des Betroffenseins der beteiligten Subjekte nicht möglich ist. Dieser Dritte ist der Staat als Verwalter des Zwangsrechts, der dadurch übermächtig wird (Fichte). Die Übermacht ist aber unschädlich, weil der Staat das Zwangsrecht als Vernunftstaat zweckentsprechend ausübt (Hegel) und an die Willensübereinstimmung der Gemeinschaft gebunden ist. Die Willensübereinstimmung aller konkretisiert sich in mittelbarer Form als staatliche Rechtsnorm, unter anderem im formellen Strafgesetz. Das staatliche Gesetz ist als Bestimmung des Vernunftstaates seinerseits vernünftig und damit widerspruchsfrei und allgemeingültig (Kant). Das Strafgesetz umschreibt dabei den Minimalstandard der in einer Gemeinschaft schlechthin untragbaren Verhaltensweisen.

Die formelle Norm hat den Zweck, die staatliche Strafgewalt zu begrenzen. Ferner ermöglicht sie die Kontrolle der Zwangsrechtsausübung durch den übermächtigen Dritten und damit die Kontrolle seiner Macht (Bestimmtheitsgebot). Wegen des bereits ausgeführten Zusammenhanges zwischen materieller und formeller Norm kann es nicht Zweck des bestimmten Strafgesetzes sein, dem potentiellen Täter die Voraussehbarkeit seiner Bestrafung zu ermöglichen. Das formelle Gesetz hängt damit von der materiellen Norm, die es konkretisiert, ab. Für den Fall, daß diese materielle Norm obsolet wird und ihr damit die Grundlage entzogen ist, verliert auch die formelle Norm ihre Gültigkeit. Wird eine gesetzgeberische Konkretionsleistung dem Anspruch der Widerspruchsfreiheit nicht gerecht, liegt darin keine wirksame Verbotsnorm. Dies gilt nicht nur dann, wenn die Widersprüchlichkeit auf Gesetzesebene vorliegt, sondern auch dann noch, wenn widersprüchliche Konkretionen der Norm durch Gerichte erfolgen. § 17 StGB darf nicht als Korrektiv für derartige Mängel der Norm mißbraucht werden.

Da das Subjekt den Normbildungs- und -vermittlungsprozeß mitkonstituiert hat, setzt sich der Täter durch Begehung einer Straftat in Widerspruch zu sich selbst und erscheint dadurch als unvernünftig. Durch die unter Einbezug des Täters intersubjektiv und damit unter Anerkennung seiner Subjektsqualität von ihm mitbestimmte Strafe hat er die Möglichkeit, den Selbstwiderspruch, in den er sich begeben hatte, durch eine Leistung zu beseitigen (Abbüßungsvertrag) um dadurch wieder als Vernünftiger zu erscheinen. Diese Zusammenhänge verbieten eine Reduktion des Schuldbegriffs auf die Inhalte der Präventionslehre, da diese die Wechselseitigkeit des Rechtsverhältnisses und damit die Intersubjektivität an sich negiert.

Die Begründung des Selbstwiderspruchs setzt das Verletzungswissen des Täters bezogen sowohl auf die Besonderheit der Verletzung des tatsituativ konkret repräsentierten Anerkennungsverhältnisses als auch auf die darin liegende Allgemeinheit der Verletzung des objektiven Anerkennungsverhältnisses als notwendige Bedingung voraus. Der Täter muß der von ihm vorgenommenen Verletzungshandlung dabei strafrechtliche Relevanz zumessen, so daß z.B. die Vorstellung nur Disziplinarunrecht zu verwirklichen oder eine Ordnungswidrigkeit zu begehen als Verletzungswissen nicht ausreicht. Dieses Verletzungswissen muß unmittelbar oder vermittelt aktuell in der Tatsituation vorliegen:

Unmittelbar aktuelles Verletzungswissen liegt bereits bei sachgedanklich mitbewußtem Verletzungswissen vor. Da die Vermittlung von Anerkennungsverhältnissen sich durch Vermittlung praktischer Kategorien vollzieht, genügt auch für die Vergegenwärtigung des Verletzungswissens ein dementsprechender Bewußtseinsinhalt. Unmittelbar aktuelles Verletzungswissen liegt auch dann vor, wenn es sich um bedingtes Verletzungswissen handelt. Bedingtes Verletzungswissen in diesem Sinne erfordert das Fürmöglichhalten der Verletzung und das Ernstnehmen dieser Möglichkeit. Dieses Prinzip gilt gleichermaßen für den Vorsatz und das Unrechtsbewußtsein.

Aktuelles Unrechtsbewußtsein kann daneben auch in vermittelter Form als zureichende Grundlage für einen strafrechtlichen Vorwurf auftreten. Es setzt voraus, daß dem Täter in der Tatsituation ein Anlaß bewußt war, sein Verhalten in bezug auf die mögliche Verletzung eines Anerkennungsverhältnisses zu hinterfragen. Weiter ist erforderlich, daß er dazu objektiv in der Lage war und daß es ihm subjektiv möglich war, die objektiv erschlossenen Erkenntnisquellen zu nutzen. Der zur Bezeichnung dieses Zusammenhangs verbreitet auftretende Begriff des potentiellen Unrechtsbewußtseins ist ungenau und auf der Grundlage der normativen Schuldtheorie mit dem Risiko der Fiktion eines tatsächlich nicht gegebenen Unrechtsbewußtseins behaftet. Dies beruht darauf, daß zwischen Aktualisierbarkeit der abstrakt vorhandenen Kategorie und vermitteltem Verletzungswissen in der beschriebenen Form nicht unterschieden wird.

Es ist eine Gemeinschaftsaufgabe und damit eine staatliche Pflicht, Anerkennungsverhältnisse im Sinne materieller Normen dem einzelnen zu vermitteln. Diese Vermittlungspflicht kann entsprechend dem materiellen Normbegriff auch nur materiell erfüllt werden. Dies geschieht durch den bewußtseinsbildenden Auseinandersetzungsprozeß innerhalb der Gemeinschaft. Dazu gehört auch der Vollzug des formellen Strafgesetzes, der von der Gemeinschaft durch Berichte in den Medien miterlebt wird. Daneben obliegt der Gemeinschaft aber bereits im Vorfeld der Verletzung eine Vermittlungspflicht. Fehlende Vermittlung kann zum unverschuldeten und damit unvermeidbaren Verbotsirrtum führen. Derartige Defizite beruhen auf Veränderungen. Sie können ihre Ursache darin haben, daß sich ein neues Anerkennungsverhältnis (Umweltschutz) herausbildet, sie können auf einer Änderung der Norm beruhen, gleich ob dies auf gesetzlicher oder untergesetzlicher Ebene geschieht und sie können schließlich ihre Ursache darin haben, daß ein Rechtskreisfremder mit einer ihm unbekannten Norm in Konflikt gerät.

Neben dem Gesichtspunkt der Veränderung steht die falsche Rechtsauskunft. Auch diese stellt sich als Vermittlungsdefizit dar.

Der im neueren Schrifttum für derartige Fälle anzutreffende Abgrenzungsmaßstab der Zuständigkeit zur Unterscheidung von vorwerfbarem und nicht vorwerfbarem Irrtum ist abzulehnen. Der Begriff der Zuständigkeit ist unbestimmt und ermöglicht keine Willkürkontrolle. Er führt nur zufällig zu denselben Ergebnissen, die nach dem hier entwickelten Maßstab gefunden werden.

Die Untersuchung hat ergeben, daß der Anwendungsbereich des § 17 2 StGB im Gegensatz zu heutiger Handhabung erheblich einzuschränken ist: Auszuscheiden sind zunächst die Fälle der widersprüchlichen Norm. Daneben sind die Fälle des Vermittlungsdefizits zwar als Fälle des Verbotsirrtums anzuerkennen, hier handelt es sich jedoch um Fälle des unverschuldeten und damit unvermeidbaren Verbotsirrtums. Da die Vermeidbarkeit des Verbotsirrtums in den verbleibenden Fällen nach einem subjektiven Maßstab zu bestimmen ist und damit regelmäßig als Tatfrage zu behandeln ist, kann für diese Gruppe keine Prognose darüber getroffen werden, ob auch hier eine geringere Zahl von Anwendungsfällen zu erwarten ist. Jedenfalls haben die im Rahmen der Untersuchung gefundenen Ergebnisse insbesondere unter Berücksichtigung des Willensschuldbegriffs auch für die Fälle, in denen sich die Vermeidbarkeitsfrage als Tatfrage stellt, die Möglichkeit eröffnet, sachgerechtere Antworten zu finden als die bisher z. T. ohne konsistente Begründung gegebenen, die auf Gefühlserwägungen oder bloßem Norm- und Systemstabilisierungsinteresse zu beruhen scheinen. Auf diese Weise ist es möglich, dem Schuldgrundsatz auch und insbesondere im Hinblick auf das Bestimmtheitsgebot Geltung zu verschaffen.

Literaturverzeichnis

v. Almendingen, Ludwig Hascher: Untersuchungen über das Kulpose Verbrechen, Gießen, 1804

Amelung, Knut: Rechtsgüterschutz und Schutz der Gesellschaft, Frankfurt/M., 1972

Aristoteles: Nikomachische Ethik, herausgegeben von Günther Bien, Hamburg, 1972

Baak, Bruno: Das Naturrecht in der neuesten Rechtsprechung der obersten deutschen Gerichte, Köln, 1954, (Diss.)

Backes, Otto: Strafrechtswissenschaft als Sozialwissenschaft. Die sogenannte Parallelwertung in der Laiensphäre, Bielefeld, 1976 (Habil.)

Bartsch, Robert: Das „gesunde Volksempfinden" im Strafrecht, Hamburg, 1940 (Diss.)

Batscha, Zwi: Gesellschaft und Staat in der politischen Philosophie Fichtes, Frankfurt/M., 1970

Baumann, Jürgen: Strafrecht, Allgemeiner Teil, 5. Auflage, Bielefeld, 1986

– Strafrecht, Allgemeiner Teil, 8. Auflage, Bielefeld, 1977, (zit.: Baumann[8])

– Die Teilbarkeit des Unrechtsbewußtseins, in: JZ 1961, S. 564

Baumann, Jürgen/*Weber,* Ulrich: Strafrecht, Allgemeiner Teil, 9. Auflage, Bielefeld, 1985

Behrendt, Hans-Joachim: Affekt und Vorverschulden, Baden-Baden, 1983

Beling, Ernst: Die Lehre vom Verbrechen, Neudruck der Ausgabe Tübingen 1906, Aalen, 1964

Berger, Wolf-Ekkehard: Das Problem der Analogie zu § 51 Abs. 2 StGB im Rahmen der Schuldtheorie, Frankfurt/M., 1968, (Diss.)

Binding, Karl: Die Schuld im deutschen Strafrecht, Leipzig, 1919

– Die Normen und ihre Übertretung, Bd. III, Neudruck der Ausgabe Leipzig, 1918, Aalen, 1965

Blankenburg, Erhard: Über die Unwirksamkeit von Gesetzen in ARSP 1977, S. 31

Bockelmann, Paul: Bemerkungen über das Verhältnis des Strafrechts zur Moral und zur Psychologie, in: Gedächtnisschrift für Gustav Radbruch, herausgegeben von Arthur Kaufmann, Göttingen, 1968, S. 252

– Zur Strafbarkeit der Kuppelei, in: JR 1954, S. 361

Bockelmann, Paul/*Volk,* Klaus: Strafrecht, Allgemeiner Teil, 4. Auflage, München, 1987

Böckenförde, Ernst-Wolfgang: Der Staat als sittlicher Staat, Berlin, 1978

– Die Bedeutung der Unterscheidung von Staat und Gesellschaft im demokratischen Sozialstaat der Gegenwart in: Staat Gesellschaft Freiheit, Studien zur Staatstheorie und zum Verfassungsrecht, S. 185 Frankfurt/M., 1976

v. Bülow, Oskar: Gesetz und Richteramt, Leipzig, 1885

Cicero: Über die Gesetze, herausgegeben von Elmar Bader und Leopold Wittmann, Reinbek, 1969

Cüppers, Josef: Gedanken zum Problem des Strafrechtsirrtums, in: NJW 1949, S. 4

Deckers, Rüdiger: Unrechtsbewußtsein in: Unrechtsbewußtsein, Aus der Sicht des Täters, Aus der Sicht des Richters, Schriftenreihe des Instituts für Konfliktforschung, Heft 7, herausgegeben von Prof. Dr. Karl-Heinz Bönner und Prof. Dr. Wolfgang de Boor, Basel, München, 1982, S. 58

Dehnow, Fritz: Sittlichkeitsdelikte und Strafrechtsreform, Stuttgart, 1922

Diekmann, Andreas: Die Befolgung von Gesetzen, Berlin, 1980

Dohna, Alexander Graf zu: Der Aufbau der Verbrechenslehre, in: Bonner Rechtswissenschaftliche Abhandlungen, 3. Auflage, Bonn, 1947

– Die Elemente des Schuldbegriffs, in: Gerichtssaal, Bd. 65, S. 304

Dopslaff, Ulrich: Plädoyer für einen Verzicht auf die Unterscheidung in deskriptive und normative Tatbestandsmerkmale, in: GA 1987, S. 1

Dreher, Eduard: Die Vereinheitlichung von Strafen und sichernden Maßnahmen, ZStW 65 (1953), 481

– Über die gerechte Strafe, Heidelberg, 1947

Dreher, Eduard/*Tröndle,* Herbert: Strafgesetzbuch und Nebengesetze, 45. Auflage, München, 1991

Dreier, Ralf: Rechtsbegriff und Rechtsidee, Frankfurt/M., 1986

Driendl, Johannes: Zur Notwendigkeit und Möglichkeit einer Strafgesetzgebungswissenschaft i. d. Gegenwart, Tübingen, 1983

Dulckeit, Gerhard: Naturrecht und positives Recht bei Kant, Leipzig, 1932

Ebert, Udo: Strafrecht, Allgemeiner Teil, Heidelberg, 1985

– Der Überzeugungstäter in der neueren Rechtsentwicklung, Berlin, 1975

Engisch, Karl: Auf der Suche nach der Gerechtigkeit, München, 1971

– Die normativen Tatbestandsmerkmale im Strafrecht, in: Festschrift für Edmund Mezger zum 70. Geburtstag, in Gemeinschaft mit Paul Bockelmann, Hans-Jürgen Bruns, Richard Busch u. a., herausgegeben von Karl Engisch und Reinhart Maurach, München, 1954

Fichte, Johann Gottlieb: Sämtliche Werke, herausgegeben von Immanuel Hermann Fichte, Nachdruck der Ausgabe Berlin 1845/46, Berlin, 1971; Band III., Zur Rechts- und Sittenlehre I; Band X., Nachgelassenes zur theoretischen Philosophie II (zit. nach Band und Seite)

Frank, Reinhard: Das Strafgesetzbuch für das Deutsche Reich, Nachtrag zur 18. Auflage, Die Strafgesetzgebung der Jahre 1931 bis 1935, herausgegeben und erläutert von Ernst Schäfer und Hans v. Dohnanyi, Tübingen, 1936

– Das Strafgesetzbuch für das Deutsche Reich, 18. Auflage, Tübingen 1931

v. Freytag-Löringhoff, Bruno Baron: Über einige Wesenszüge des Gesprächs, in: Studium Generale, 1955, 549

Friedmann, Lawrence M.: Das Rechtssystem im Blickfeld der Sozialwissenschaften, Berlin, 1981

Frisch, Wolfgang: Vorsatz und Risiko: Grundfragen des tatbestandsmäßigen Verhaltens und des Vorsatzes, Köln, 1983

Furger, Jürg: Unrechtsbewußtsein Bewußtsein der Rechtswidrigkeit Rechtsirrtum, Zürich, 1958, (Diss.)

Geismann, Georg: Ethik und Herrschaftsordnung, Tübingen, 1974

Gilleßen, Joachim: Fehlen des Unrechtsbewußtseins bei verantwortungsreifen Jugendlichen als Schuldausschließungs- bzw. Schuldminderungsgrund im deutschen Strafrecht, München, 1961, (Diss.)

Gleispach, Wenzel Graf von: Über die Schuld nach dem Entwurf eines Allgemeinen Deutschen Strafgesetzentwurfes, in: Monatsschrift für Kriminalpsychologie und Strafrechtsreform, 16. Jahrgang (1925), S. 225

Gödan, Jürgen Christoph: Die Rechtsfigur des Überzeugungstäters, Berlin, 1975

Göhler, Gerhard: Anerkennung als Prinzip der praktischen Philosophie in Hegel-Studien, in Verbindung mit der Hegel-Kommission der Rheinisch-Westfälischen Akademie der Wissenschaften, herausgegeben von Friedhelm Nicolin und Otto Pöggeler, Band 16, Bonn, 1981, S. 217

Gössel, Karl Heinz: Das Rechtsgut als ungeschriebenes strafbarkeitseinschränkendes Tatbestandsmerkmal, in: Festschrift für Dietrich Oehler zum 70. Geburtstag, herausgegeben von Rolf Dietrich Herzberg, München, 1985, S. 97

Griffel, Anton: Prävention und Schuldstrafe in: ZStW 98 (1986), S. 28ff.

Groß, Norbert J.: Über das Rückwirkungsverbot in der strafrechtlichen Rechtsprechung, in: GA 1971, S. 13

Haffke, Bernhard: Pro-mille-Grenze und Rückwirkungsverbot, in: Blutalkohol 1972, S. 40

Haft, Fritjof: Strafrecht, Allgemeiner Teil, München, 1980

– Der doppelte Irrtum im Strafrecht, in: JuS 1980, S. 659

– Generalklauseln und unbestimmte Begriffe im Strafrecht, in: JuS 1975, S. 477

Hahn, Karl: Staat, Erziehung und Wissenschaft bei J. G. Fichte, München, 1969

Hanack, Ernst-Walter: Empfiehlt es sich, die Grenzen des Sexualstrafrechts neu zu bestimmen? Gutachten für den 47. Deutschen Juristentag

Hartmann, Nicolai: Grundzüge der Metaphysik der Erkenntnis, 5. Auflage, Berlin, 1965

– Ethik, 4. Auflage, Berlin 1962

Hartung, Fritz: Der Rechtsirrtum in der Rechtsprechung des Reichsgerichts, in: DRZ 1949, S. 342

Hegel, Georg Wilhelm Friedrich: Werke in zwanzig Bänden, Bd. 7, Grundlinien der Philosophie des Rechts, Frankfurt/M., 1970

Heinitz, Ernst: Der Überzeugungstäter im Strafrecht, in: ZStW 78 (1966), S. 615

— Teilnahme und unterlassene Hilfeleistung beim Selbstmord, in: JR 1954, S. 403

— Der Ausbau des Strafensystems, in: ZStW 65 (1953), 26

Heinze, Carl: Dispositionsprinzip und Offizialprinzip; Verhandlungsform und Untersuchungsform; insbesondere im Strafprozeß, in: GA 1876, S. 265

Henkel, Heinrich: Einführung in die Rechtsphilosophie, 2. Auflage, München, 1977

Hesse, Hans Albrecht: Über die Wirksamkeit neuer, auf Veränderung zielender Normen in: Reform in der Demokratie, herausgegeben von Wolfgang Schulenberg, Hamburg, 1976, S. 223

v. Hippel, Robert: Deutsches Strafrecht, 2. Band, Allgemeine Lehren, Berlin, 1930

— Das Bewußtsein der Rechtswidrigkeit, Ein Vortrag, Berlin, 1924

Hirsch, Ernst-F.: Zum sogenannten Gesetzesgehorsam, in: JZ 1983, S. 1

— Zur Rechtserheblichkeit des Normirrtums in juristischer und soziologischer Sicht, in: Festschrift für Schelsky, herausgegeben von Fr. Kaulbach und W. Krawietz, Berlin, 1978, S. 211 ff.

Horn, Eckhard: Verbotsirrtum und Vorwerfbarkeit, Berlin, 1969

Hruschka, Joachim: Strafrecht nach logisch-analytischer Methode, Berlin, 1983

— Methodenprobleme bei der Tatzurechnung trotz Schuldunfähigkeit des Täters, in: Schweizerische Zeitschrift für Strafrecht 90 (1974), S. 48

Hunter, Charles K.: Der Interpersonalitätsbeweis in Fichtes früher angewandter praktischer Philosophie, Meisenheim am Glan, 1973

Ipsen, Jörn: Rechtsprechung im Grenzbereich zur Gesetzgebung in Rechtsprechungslehre, herausgegeben von Norbert Achterberg, München, 1986, S. 409, S. 435

Jakobs, Günther: Strafrecht, Allgemeiner Teil, 2. Auflage, Berlin, 1991

— Schuld und Prävention, Tübingen, 1976

Jescheck, Hans-Heinrich: Lehrbuch des Strafrechts, Allgemeiner Teil, 4. Auflage, Berlin, 1988

— Lehrbuch des Strafrechts, Allgemeiner Teil, 2. Auflage, Berlin, 1972 (zit.: Jescheck^2)

— Zur Frage der Kuppelei gegenüber Verlobten, in: MDR 1954, S. 645

Jeutter, Friedrich: Sinn und Grenzen des Legalitätsprinzips im Strafverfahren, München, 1976, (Diss.)

Kant, Immanuel: Werke in sechs Bänden, herausgegeben von Wilhelm Weischedel, Darmstadt, 1956, Bd. 4

Kaufmann, Armin: Schuldhaftigkeit und Verbotsirrtum, in: Festschrift für Eberhard Schmidt zum 70. Geburtstag, herausgegeben von Paul Bockelmann und Wilhelm Gallas, Göttingen, 1961, S. 319

– Die Dogmatik der Unterlassungsdelikte, Göttingen, 1959

– Der dolus eventualis im Deliktsaufbau, in: ZStW 70 (1958), S. 64

Kaufmann, Arthur: Schuld und Prävention, in: Festschrift für Rudolf Wassermann zum sechzigsten Geburtstag, herausgegeben von Christian Broda, Erwin Deutsch, Hans-Ludwig Scherber, Hans Jochen Vogel, Neuwied, 1985

– Die Parallelwertung in der Laiensphäre, München, 1982

– Analogie und Natur der Sache, Karlsruhe, 1965

– Das Schuldprinzip, Heidelberg, 1961

– Naturrecht und Geschichtlichkeit, Tübingen, 1957

– Tatbestand, Rechtfertigungsgründe und Irrtum, in: JZ, 1956, S. 393

– Das Unrechtsbewußtsein in der Schuldlehre des Strafrechts, Mainz, 1949 (zit.: UB)

Kerkau, Hans-Joachim: Der Naturrechtsgedanke in der Rechtsprechung des Bundesgerichtshofes in Strafsachen, Kiel, 1966, (Diss.)

Kienapfel, Diethelm: Unrechtsbewußtsein und Verbotsirrtum, in: ÖJZ 1976, S. 113

Kindhäuser, Urs Konrad: Rohe Tatsachen und normative Tatbestandsmerkmale, in: JurA 1984, S. 465

Klug, Ulrich: Die zentrale Bedeutung des Schutzgedankens für den Zweck der Strafe, Berlin, 1938

Köhler, Michael: Zur Kritik an der Zwangsarbeitsstrafe, in: GA 1987, S. 145

– Der Begriff der Strafe, Heidelberg, 1986, (zit.: Begriff)

– Über den Zusammenhang von Strafrechtsbegründung und Strafzumessung, Heidelberg, 1983, (zit.: Zusammenhang)

– Die bewußte Fahrlässigkeit, Heidelberg, 1982, (Habil.), (zit.: Fahrlässigkeit)

– Vorsatzbegriff und Bewußtseinsform des Vorsatzes, in: GA 1981, S. 285

Kohlmann, Günter: Der Begriff des Staatsgeheimnisses (§ 93 StGB und § 99 Abs. 1 StGB a. F.) und das verfahrensrechtliche Gebot der Bestimmtheit von Strafvorschriften (Art. 103 Abs. 2 GG), Köln, 1969

Kohlrausch, Eduard: Irrtum und Schuldbegriff im Strafrecht, 1. Teil, Berlin, 1903

Krahl, Matthias: Die Rechtsprechung des Bundesverfassungsgerichts und des Bundesgerichtshofs zum Bestimmtheitsgrundsatz im Strafrecht (Art. 103 Abs. 2 GG), Frankfurt/Main, 1986, (Diss.)

Kraushaar, Reinhold: Das Gewissen im Strafrecht und die Konsequenzen für die Begriffe der Rechtsnorm, der Rechtswidrigkeit sowie die Regelung des Verbotsirrtums, in: GA 1959, 325

Krauß, Detlef: Das Unrechtsbewußtsein, Studie an zwei Gerichtsurteilen, in: Unrechtsbewußtsein, Aus der Sicht des Täters, Aus der Sicht des Richters, Schriftenreihe des Instituts für Konfliktforschung, Heft 7, herausgegeben von Prof. Dr. Karl-Heinz Bönner und Prof. Dr. Wolfgang de Boor, Basel, München, 1982, S. 30

v. Kries, August: Lehrbuch des Deutschen Strafprozeßrechts, Freiburg, 1892

Krüger, Uwe: Der Adressat des Rechtsgesetzes, Berlin, 1969

Küchenhoff, Günther: Die staatsrechtliche Bedeutung des Verbotsirrtums in: Studien zur Strafrechtswissenschaft, Festschrift für Ulrich Stock, herausgegeben von Günter Spendel, Würzburg, 1966, S. 75

Kühl, Kristian: Wertordnung oder Freiheitsordnung? Zur Bedeutung der Rechtsphilosophie für die Kriminalpolitik, in: GA 1977, S. 353

Küper, Wilfried: Aspekte der „actio libera in causa". Ein Dialog, in: Festschrift für Heinz Leferenz zum 70. Geburtstag, herausgegeben von Hans-Jürgen Kerner, Hans Göppinger und Franz Streng, Heidelberg, 1983, S. 573

– Die Richteridee der Strafprozeßordnung und ihre geschichtlichen Grundlagen, Berlin, 1967

Kuhlen, Lothar: Die Unterscheidung von vorsatzausschließendem und nicht vorsatzausschließendem Irrtum, Frankfurt, 1987, (Habil.)

Kunz, Karl-Ludwig: Strafausschluß oder -milderung bei Tatveranlassung durch falsche Rechtsauskunft?, in: GA 83, 457

Lackner, Karl: Strafgesetzbuch, 19. Auflage, München, 1991

– Das konkrete Gefährdungsdelikt im Verkehrsstrafrecht, Berlin, 1967

Lampe, Ernst-Joachim: Das personale Unrecht, Berlin, 1967

Lange, R.: Der Strafgesetzgeber und die Schuldlehre, in: JZ 1956, S. 73

Langer, Winrich: Vorsatztheorie und strafgesetzliche Irrtumsregelung, in: GA 1976, 193

Lau, Ephrem Else: Interaktion und Institution, Berlin, 1978

Leipziger Kommentar: Strafgesetzbuch, Großkommentar, 10. Auflage, 1. Bd., Berlin, 1985

– Strafgesetzbuch, 8. Auflage, 1. Bd., Berlin, 1957 (zit.: LK^8)

Lenckner, Theodor: Strafe, Schuld und Schuldfähigkeit, in: Göppinger-Wirth, Handbuch der forensischen Psychiatrie, Bd. 1, Heidelberg, 1972, (zit.: Handbuch)

– Wertausfüllungsbedürftige Begriffe im Strafrecht und der Satz „nulla poena sine lege", in: JuS 1968, S. 249 und S. 304

Lesowsky, Rudolf: Gesetzestechnik und Rechtsprechung, in: ÖJZ 1947, S. 279

v. Liszt-Schmidt: Lehrbuch des Deutschen Strafrechts, 26. Auflage, Berlin, 1932

Litt, Theodor: Individuum und Gemeinschaft, 2. Auflage, Berlin, 1924

Löwer, Wolfgang: Rechtspolitische und verfassungsrechtliche Bedenken gegenüber dem Ersten Wirtschaftskriminalitätsgesetz, in: JZ 1979, S. 621

Lüderssen, Klaus: Die Parteispendenproblematik – Vorsatz und Irrtum, in: wistra 1983, 223

– Erfahrung als Rechtsquelle, Frankfurt/M., 1972

Mattil, Friedrich: Gewissensanspannung, in: ZStW 74 (1962), S. 201

Maurach, Reinhart/*Zipf,* Heinz: Strafrecht, Allgemeiner Teil, Teilband 1, 7. Aufl., Heidelberg, 1987

Maunz, Theodor/*Dürig,* Günter/*Herzog,* Roman: Grundgesetz, Kommentar, Loseblattsammlung, Bd. IV, Art. 91a - 146, Lieferungen 1 - 28, München, 1990

Mayer, Max-Ernst: Rechtsnormen und Kulturnormen, Breslau, 1903

Merkel, Adolf: Gesammelte Abhandlungen aus dem Gebiet der allgemeinen Rechtslehre und des Strafrechts, Straßburg, 1899

Merkel, Paul: Grundriß des Strafrechts: Teil 1, Allgemeiner Teil, Bonn, 1927

Meyer, Jürgen: Verbotsirrtum im Ordnungswidrigkeitenrecht – OLG Düsseldorf, NStZ 1981, 444, in: JuS 1983, S. 513

Meyer-Ladewig, Jens: Der Satz „nulla poena sine lege" in dogmatischer Sicht, in: MDR 1962, S. 262

Mezger, Edmund: Strafrecht, ein Lehrbuch, 3. Auflage, 1949

Mittermaier, W.: Handwörterbuch der Sexualmedizin, 2. Auflage, 1925

Montenbruck, Axel: Abweichung der Teilnehmervorstellung von der verwirklichten Tat, in: ZStW 84 (1972), S. 323

Montesquieu: Oeuvres complètes, Paris, 1951

Müller, Fritz: Die Problematik der Rechtsblindheit oder Rechtsfeindschaft im Sinne der eingeschränkten Vorsatztheorie, Hamburg, 1966 (Diss.)

Müller-Dietz, Heinz: Zur Problematik verfassungsrechtlicher Pönalisierungsgebote, in: Festschrift für Eduard Dreher zum 70. Geburtstag, herausgegeben von Hans-Heinrich Jescheck und Hans Lüttger, Berlin, 1977, S. 97

– Verfassungsbeschwerde und richterliche Tatbestandsauslegung im Strafrecht, in: Festschrift für Reinhart Maurach, herausgegeben von F. C. Schroeder und Heinz Zipf, Karlsruhe, 1972, S. 41

Naka, Yoshikatsu: Die Appellfunktion des Tatbestandsvorsatzes, in: JZ 1961, S. 210

Naucke, Wolfgang: Strafrecht, Frankfurt/M., 1987

– Über Generalklauseln und Rechtsanwendung im Strafrecht, Tübingen, 1973

– Der Nutzen der subjektiven Auslegung im Strafrecht, in: Festschrift für Karl Engisch zum 70. Geburtstag, herausgegeben von Paul Bockelmann, Arthur Kaufmann und Ulrich Klug, Frankfurt/M., 1969, S. 274

– Rückwirkende Senkung der Promillegrenze und Rückwirkungsverbot, in: NJW 1968, S. 2321

– Kant und die psychologische Zwangstheorie Feuerbachs, Hamburg, 1962, (zit.: Kant)

Neumann, Ulfrid: Zurechnung und „Vorverschulden", Berlin, 1985

Noll, Peter: Begriff und Funktion der guten Sitten im Strafrecht, in: Festschrift für das OLG Zweibrücken, dargebracht von der Rechts- und Wirtschaftswissenschaftlichen Fakultät d. Johannes-Gutenberg-Universität in Mainz, Wiesbaden, 1969, S. 206

Nowakowski, Friedrich: Freiheit, Schuld, Vergeltung, in: Festschrift für Theodor Rittler zu seinem 80. Geburtstag, herausgegeben von Siegfried Hohenleitner, Ludwig Lindner, Friedrich Nowakowski, S. 55

Öhlinger, Theo/*Stelzer,* Manfred: Rechtsprechung aus der Sicht der Gesetzgebungslehre, in: Rechtsprechungslehre, herausgegeben von Norbert Achterberg, München, 1986, S. 409

Opp, Karl-Dieter: Die Entstehung sozialer Normen, Tübingen, 1983

Paton, H.-J.: Der kategorische Imperativ, Berlin, 1962

Peters, Karl: Überzeugungstäter und Gewissenstäter, in: Festschrift für Hellmuth Mayer, herausgegeben von Friedrich Geers und Wolfgang Naucke, Berlin, 1966, S. 257

Petersohn, Franz: Unrechtsbewußtsein aus kriminologischer und medizinisch-psychologischer Sicht, in: Unrechtsbewußtsein, Aus der Sicht des Täters, Aus der Sicht des Richters, Schriftenreihe des Instituts für Konfliktforschung, Heft 7, herausgegeben von Prof. Dr. Karl-Heinz Bönner und Prof. Dr. Wolfgang de Boor, Basel, München, 1982, S. 69

Pfeiffer, Christian: Kriminalprävention im Jugendgerichtsverfahren, München, 1983

Platzgummer, Winfried: Die Bewußtseinsform des Vorsatzes, Wien, 1964

Podlech, Adalbert: Die juristische Fachsprache und die Umgangssprache, in: Juristische Methodenlehre und analytische Philosophie, Kronberg, 1976

— Wertentscheidungen und Konsens, in: Rechtsgeltung und Konsens, herausgegeben von Günther Jakobs, Berlin, 1976

Ranft, Otfried: Die Rechtsprechung zum sogenannten Subventionsbetrug (§ 264 StGB), in: NJW 1986, S. 3163

Rehbinder, Manfred: Rechtskenntnis, Rechtsbewußtsein und Rechtsethos als Probleme der Rechtspolitik, in: Jahrbuch für Rechtssoziologie und Rechtstheorie, Band III, Düsseldorf, 1972, S. 25

Rother, Werner: Recht und Bewußtsein, Ebelsbach, 1979

Roxin, Claus: „Schuld“ und „Verantwortlichkeit“ als strafrechtliche Systemkategorien, in: Grundfragen der gesamten Strafrechtswissenschaft, Festschrift für Heinrich Henkel zum 70. Geburtstag, herausgegeben von Claus Roxin in Verbindung mit Hans-Jürgen Bruns und Herbert Jäger, Berlin, 1974

— Sinn und Grenzen staatlicher Strafe, in: JuS 1966, 377

Rudolphi, Hans-Joachim: Das virtuelle Unrechtsbewußtsein als Strafbarkeitsvoraussetzung im Widerstreit zwischen Schuld und Prävention, in: Unrechtsbewußtsein, Aus der Sicht des Täters, Aus der Sicht des Richters, Schriftenreihe des Instituts für Konfliktforschung, Heft 7, herausgegeben von Prof. Dr. Karl-Heinz Bönner und Prof. Dr. Wolfgang de Boor, Basel, München, 1982, S. 1 (zit.: UB)

— Anmerkung zu KG Urteil vom 24. 3. 1977 (2) Ss 442/76 (9/77) in: JR 1977, S. 381

— Die verschiedenen Aspekte des Rechtsgutsbegriffs, in: Festschrift für Richard M. Honig, Göttingen, 1970

– Unrechtsbewußtsein, Verbotsirrtum und Vermeidbarkeit des Verbotsirrtums, Göttingen, 1969, (zit.: Vermeidbarkeit)

Sartre, Jean-Paul: Das Sein und das Nichts, Hamburg, 1962

Sax, Walter: „Tatbestand" und Rechtsgutsverletzung, in: JZ 1976, S. 11

– Grundsätze der Strafrechtspflege, in: Die Grundrechte, Handbuch der Theorie und Praxis der Grundrechte, 3. Band, 2. Halbband, herausgegeben von Karl August Bettermann, Hans Carl Nipperdey und Ulrich Scheuner, Berlin, 1959

– Zur Frage der Kuppelei bei Geschlechtsverkehr unter Verlobten, in: JZ 1954, S. 474

Schäfer-von Dohnanyi, Ernst: Die Strafgesetzgebung der Jahre 1931 - 35, Berlin, 1936

Scheler, Max: Der Formalismus in der Ethik und die materiale Wertethik, 4. Auflage, 1954

Schewe, Günter: Bewußtsein und Vorsatz, Berlin, 1967

Schmidhäuser, Eberhard: Strafrecht, Allgemeiner Teil, Studienbuch, 2. Auflage, 1984, (zit.: StuB)

– Der Verbotsirrtum und das Strafgesetz (§ 16 I Satz 1 und § 17 StGB), in: JZ 1979, S. 361

– Strafrecht, Allgemeiner Teil, Lehrbuch, 2. Auflage, Tübingen, 1975, (zit.: AT)

– Über Aktualität und Potentialität des Unrechtsbewußtseins, in: Beiträge zur gesamten Strafrechtswissenschaft, Festschrift für Hellmuth Mayer, herausgegeben von Friedrich Geerds und Wolfgang Naucke, Berlin, 1966

– Von den zwei Rechtsordnungen im staatlichen Gemeinwesen, Berlin, 1964

Schmidt, Frank-Hermann: Verhaltensforschung und Recht, Berlin, 1982

Schmidt-Bleibtreu, Bruno / *Klein,* Franz: Kommentar zum Grundgesetz für die Bundesrepublik Deutschland

Schmidt-Klügmann, Matthias: Das Bewußtsein der Fremdexistenz als Voraussetzung für ein Unrechtsbewußtsein, Berlin, 1975

Schneider, W.: Vermeidbarkeit des Verbotsirrtums, Bonn, 1964, (Diss.)

Schönke / Schröder / Bearbeiter: Strafgesetzbuch, Kommentar, 4. Auflage, München, 1991

– Strafgesetzbuch, Kommentar, 17. Auflage, München, 1974

Schöpf, Alfred: Zwischen Intersubjektivität und Dialogik, in: Philosophische Rundschau, 1968, S. 15

Schreiber, Hans-Ludwig: Gesetz und Richter, Frankfurt, 1975

– Rückwirkungsverbot bei einer Änderung der Rechtsprechung im Strafrecht, in: JZ 1973, S. 713

– Zur Zulässigkeit der rückwirkenden Verlängerung von Verjährungsfristen früher begangener Delikte, in: ZStW 80 (1968), S. 348

Schroeder, Friedrich-Christian: Der Irrtum über Tatbestandsalternativen, in: GA 1979, S. 321

– Notwehr bei Fluchthilfe aus der DDR, in: NJW 1978, S. 2577

– Die Bestimmtheit von Strafgesetzen am Beispiel des groben Unfugs, in: JZ 1969, S. 775

Schröder, Horst: Anmerkung zu OLG Hamm, Urteil vom 26. 5. 1966 - 2 Ss 1624/65m in: JZ 1966, S. 649

– Anmerkung zu OLG Celle, Urteil vom 23. 4. 1964 - 1 Ss 98/64, in: JR 1964, S. 392

Schünemann, Bernd: Die strafrechtlichen Aspekte der Parteispendenaffäre, in: Parteispendenproblematik, Schriftenreihe des Instituts für Konfliktforschung, herausgegeben von Wolfgang de Boor, Gerd Pfeiffer und Bernd Schünemann, Band 11, Köln, 1986

– Ungelöste Probleme bei der Bestrafung national-sozialistischer Gewalttaten, in: Festschrift für Hans-Jürgen Bruns zum 70. Geburtstag, herausgegeben von Wolfgang Frisch und Werner Schmid, München, 1978, S. 223

– Nulla poena sine lege, Berlin, 1978

– Moderne Tendenzen in der Dogmatik der Fahrlässigkeit und Gefährdungsdelikte, in: JA 1975, S. 787

Schünemann, Hans-Wilhelm: Verbotsirrtum und faktische Verbotskenntnis, in: NJW, 1980, S. 735

Schumann, Heribert: Strafrechtliches Handlungsunrecht und das Prinzip der Selbstverantwortung der Anderen, Tübingen, 1986

Seelmann, Kurt: Hegels Straftheorie in seinen „Grundlinien der Philosophie des Rechts“, in: JuS 1979, S. 687

Siep, Ludwig: Anerkennung als Prinzip der praktischen Philosophie, Freiburg, 1979

Simmel, Georg: Soziologie, Leipzig, 1908

– Einleitung in die Moralwissenschaft, unveränderter Neudruck der Ausgabe Berlin 1892 - 1893, 4. Auflage, Band 1, Aalen, 1964

Stöckel, Heinz: Bekämpfung der Gesetzesumgehung mit Mitteln des Strafrechts, in: ZRP 1977, S. 135

Stratenwerth, Günter: Strafrecht, Allgemeiner Teil I., 3. Auflage, Berlin, 1981

– Die Zukunft des strafrechtlichen Schuldprinzips, Heidelberg, 1977

– Besprechung von Rudolphi, Unrechtsbewußtsein, Verbotsirrtum und Vermeidbarkeit des Verbotsirrtums, in: ZStW 85 (1973), S. 488

– Verantwortung und Gehorsam, Tübingen, 1958

Strauß, Dieter: Verbotsirrtum und Erkundigungspflicht, in: NJW 1969, 1418

Stree, Walter: Deliktsfolgen und Grundgesetz, Tübingen, 1960

Systematischer Kommentar: Kommentar zum Strafgesetzbuch, Bd. 1, Loseblattsammlung

Theunissen, Michael: Der Andere, Berlin, 1965

Tiedemann, Klaus: Handhabung und Kritik des neuen Wirtschaftsstrafrechts – Versuch einer Zwischenbilanz, in: Festschrift für Hans Dünnebier, herausgegeben von Ernst-Walter Hanack, Peter Rieß und Günter Wendisch, Berlin, 1982, S. 519

– Strafbare Erschleichung von Investitionszulagen durch Aufhebung und Neuabschluß von Lieferverträgen?, in: NJW 1980, S. 1557

– Tatbestandsfunktionen im Nebenstrafrecht, Tübingen, 1969

Timpe, Gerhard: Normatives und Psychisches im Begriff der Vermeidbarkeit eines Verbotsirrtums, in: GA 1984, S. 51

Tischler, Werner Georg: Verbotsirrtum und Irrtum über normative Tatbestandsmerkmale, Kiel, 1983, (Diss.)

Triffterer, Otto: Umweltstrafrecht, Baden-Baden, 1980

Tröndle, Herbert: Rückwirkungsverbot bei Rechtsprechungswandel, in: Festschrift für Eduard Dreher zum 70. Geburtstag, herausgegeben von Hans-Heinrich Jescheck und Hans Lüttger, Berlin, 1977, S. 117

Ulsenheimer, Klaus: Das Madaus-Urteil des AG Köln – Leitpfad oder Irrweg im Dikkicht der Parteispendenaffäre, in: NJW 1985, S. 1929

Verweyen, Hans-Jürgen: Recht und Sittlichkeit in J. G. Fichtes Gesellschaftslehre, Freiburg, 1975

Verzar, Andreas: Das autonome Subjekt und der Vernunftstaat, Bonn, 1979

Volkmann-Schluck, Karl-Heinz: Politische Philosophie, Frankfurt, 1971

Warda, Günter: Schuld und Strafe beim Handeln mit bedingtem Unrechtsbewußtsein, in: Festschrift für Hans Welzel zum 70. Geburtstag, herausgegeben von Günter Stratenwerth, Armin Kaufmann, Gerd Geilen, Hans-Joachim Hirsch, Hans Ludwig Schreiber, Günther Jakobs und Fritz Loos, Berlin, 1974, S. 499

Weber, Max: Gesammelte Aufsätze zur Wissenschaftslehre, herausgegeben von Marianne Weber, Tübingen, 1922

Wegner, Arthur: Strafrecht, Allgemeiner Teil, Göttingen, 1951

Weinberg, Hans: Der Verbotsirrtum, Bonn, 1928

Weinkauff, Hermann: Der Naturrechtsgedanke in der Rechtsprechung des Bundesgerichtshofes, in: NJW 1960, S. 1689

Welzel, Hans: Das Deutsche Strafrecht, 11. Auflage, Berlin, 1969

– An den Grenzen des Rechts. Die Frage nach der Rechtsgeltung, Köln, 1966

– Der Verbotsirrtum im Nebenstrafrecht, in: JZ 1956, S. 238

– Naturrecht und materiale Gerechtigkeit, Göttingen, 1951

– Vom irrenden Gewissen, Tübingen, 1949

Wessels, Johannes: Strafrecht, Allgemeiner Teil, 21. Auflage, Heidelberg, 1991

Wieacker, Franz: Gesetz und Richterkunst, Karlsruhe, 1958

Wiedemann, Herbert: Rechtssicherheit – ein absoluter Wert?, in: Festschrift für Karl Larenz zum 70. Geburtstag, herausgegeben von Gotthard Paulus, Uwe Diederichsen und Claus-Wilhelm Canaris, München, 1973, S. 199

Wildt, Andreas: Autonomie und Anerkennung, Stuttgart, 1982

– Autonomie und Anerkennung, Hegels Moralitätskritik im Lichte seiner Fichte-Rezeption, Stuttgart, 1982

Wolff, Ernst Amadeus: Das neuere Verständnis von Generalprävention und seine Tauglichkeit für eine Antwort auf Kriminalität, in: ZStW 97 (1985), S. 786

Wolter, Jürgen: Schuldhafte Verletzung einer Erkundigungspflicht, Typisierung beim Vermeidbarkeitsurteil und qualifizierte Fahrlässigkeit beim Verbotsirrtum - OLG Celle, NJW 1977, 1644, in: JuS 1979, S. 482

– Objektive und personale Zurechnung von Verhalten, Gefahr und Verletzung in einem funktionalen Straftatsystem, Berlin, 1981

Zaczyk, Rainer: Das Strafrecht in der Rechtslehre, J. G. Fichtes, Berlin, 1981

Zipf, Heinz: Kriminalpolitik, Ein Lehrbuch, 2. Auflage, Karlsruhe, 1980

FSC
www.fsc.org
MIX
Papier | Fördert gute Waldnutzung
FSC® C083411

Kolibri 360 GmbH
Ferdinand-Jühlke-Straße 7
99095 Erfurt, Deutschland
produktsicherheit@kolibri360.de

Druck:
CPI Druckdienstleistungen GmbH
im Auftrag der
Kolibri 360 GmbH
Ferdinand-Jühlke-Str. 7
99095 Erfurt